한국의 재정:

시장의 힘, 정부의 지혜

한국의 재정:
시장의 힘, 정부의 지혜

초판1쇄 인쇄 2024년 6월 10일
초판1쇄 발행 2024년 6월 17일

저 자 황성현
발행인 노현철
발행처 도서출판 해남

출판등록 1995. 5. 10 제 1-1885호
주 소 서울특별시 마포구 마포대로8길 9 영명빌딩 405호
전 화 739-4822 팩스 720-4823
이 메 일 haenamin30@naver.com
홈페이지 www.hpub.co.kr

ISBN 978-89-6238-187-0 93320

한국의 재정:
시장의 힘, 정부의 지혜

황성현 지음

도서출판 해남

머리말

지금 생각해 보면, 학부생 시절부터 한국의 경제정책에 대해 관심이 많았다. 서울대 경제학과 재학 시절, 경제학을 이론적으로 공부하는 것도 열심히 하려고 노력했지만, 그래도 경제학을 전공한다는 것은 무언가 현실 정책에서 실용적으로 써먹을 수 있는 그런 공부여야 한다고 믿었다. 경제학을 잘 모르던 그 시절에도 나름대로 우리 경제의 현실 문제에 대해 고민하던 학생이었다.

학부 졸업 후 미국 유학의 길을 택했다. 펜실베이니아대(U Penn) 경제학과 박사 과정에 진학해서 5년간 공부했다. 그 시절에는 전형적인 미국 대학원에서 요구하는 그런 공부를 했다. 역시 경제정책 이슈에 관심이 많았고, 재정정책과 통화정책의 적정 관계에 대한 논문으로 1990년에 박사학위를 받았다. 지도교수는 거시경제학 분야의 권위자였던 에이블(Andrew B. Abel) 교수였다. 에이블 교수는 미국 연준 의장을 지낸 버냉키(Ben S. Bernanke) 교수와 공저한 거시경제학 교과서로도 유명하다. 박사학위 논문을 준비하던 시절 이 책 집필에 바쁘셨던 지도교수님 모습이 떠오른다.

박사학위를 받은 후 1년간 뉴욕시립대(CUNY) 버룩 칼리지(Baruch College)에서 방문조교수로 근무했다. 그때는 학위를 막 마치고 맨해튼으로 출퇴근하며 약간의 여유도 가졌지만, 강의 준비와 강의로 정신이 없었던 시기였다. 1991년에 귀국해서 한국에서의 첫 번째 직장은 한국개발연구원(KDI)이었다. 당시 만 29세의 나이에 최연소 KDI 연구위원이 되었다.

KDI 같은 우리나라 최고의 국책연구기관에서 연구 생활을 시작할 수 있었던 것은 큰 행운이었다. 당시 KDI의 여러 부서 중 재정팀에 합류하게 된 것이, 저자가 평생을 재정학자로 살게 된 계기가 되었다. 미국에서의 전공은 거시경제학 중에서 거시재정 분야라고 할 수 있는데, KDI 재정팀에서 연구 활동을 하면서 자연스럽게 연구 주제를 다양한 한국의 재정정책과 재정제도, 그리고 조세정책 이슈로 넓혀 나가게 되었다.

KDI 연구위원으로 8년간 근무하면서, 우수한 연구진과 함께 좋은 연구 환경에서 정부 정책 관계자 등과 인연도 맺을 수 있었고, 한국경제에 대한 현실적이고 실용적인 정책연구의 노하우도 쌓을 수 있었다. 이 기간의 연구 경험이 저자의 전체 연구 활동의 단단한 뼈대가 되었다.

그런데 KDI 연구위원으로서의 연구 생활은 여러 가지 장점도 많았지만, 시간이 지나면서 좀 지치기도 했고, 점차 한계도 느끼게 되었다. 애초 박사학위를 받을 때 제일 먼저 염두에 두었던 직장은 많은 사람이 그러하듯 대학교수가 되는 것이었고, 학생들을 가르치면서 좀 더 자유로운 환경에서 연구하고 싶다는 생각이 들었다. 그래서 대학으로 옮기게 되었고, 1999년 2학기부터 당시 재정학 전공으로 거의 유일하게 교수를 뽑았던 인천대학교 경제학과 교수로 이직하게 되었다.

대학교수 생활을 하면서 1학기에는 미시경제학을 가르쳤고, 2학기에는 재정학과 한국경제론을 가르쳤다. 1학기에는 시장원리를 가르치고, 2학기에는 시장이 실패할 때 정부 재정의 역할과, 한국경제의 여러 현실 문제들에 대해 강의했다. 교수가 되어서도 여전히 현실 정책 문제에 관심이 많았는데, 한국재정학회 등 학회 활동을 하면서 연구원에서보다는 좀 더 학술적인 연구 활동을 하게 되었다.

인천대 교수로 재직하면서 2007년에는 한국조세재정연구원의 원장직을 수행하게 되었다. 우리나라 조세·재정정책을 연구하는 최고의 연구기관의 장으로 재직한 것은 저자에게 매우 소중한 경험이었다. 정권이 바뀌면서 원장직을 1년 만에 그만두게 되었지만, 당시 조세연구원의 정책연구 역량을 높일 수 있는 기관 운영과 관리상의 개선을 위해 힘을 쏟았었다. 한 가지 중요한 성과로 요즘 재정 분야 실증연구에 많이 활용되는 '재정패널조사 사업'을 2008년에 처음으로 출범시켰던 일이 기억난다.

저자가 주로 활동했던 한국재정학회는 우리나라 재정학 분야에서 가장 오래되고 가장 많은 재정학자가 활동하는 이 분야의 대표 학회이다. 2018년 4월부터 1년간 재정학회 회장을 맡았는데, 실제로는 2017년 7월부터 회장 직무대행을 맡아서 총 1년 9개월간 한국재정학회를 이끌었다. 이 기간에 좀 더 다양한 시각과 서로 다른 입장을 가진 학자들이 학회에 모여서 보다 생산적인 토론과 학술 활동을 하는, 그런 장을 마련하는 데 중점을 두고 학회를 운영했다.

사실, 지난 33년간 우리나라 재정의 현실 정책 문제를 연구하는 재정학자로서 저자는 좀 외로운, 소수의견을 가진 위치에 있었다고 스스로 생각한다. 저자가 보기에 우리 경제학계와 특히 재정학계에서는 상당히 보수적인 시각과 주장이 강했다. 늘 감세와 작은정부 주장이 대세였고, 저자처럼 증세와 큰정부를 주장하는 사람은 소수였다. 이런 현상은 지금 현재도 그러한 것으로 보인다.

저자가 KDI 재정팀에서 근무했던 1990년대는 거의 모든 재정학자가 소위 '재정 기능의 정상화'를 주장했던 시기였다. 이 기간에는 예외적으로 재정 확대 주장이 강했는데, 이는 1980년대에 물가안정을 위해 재정 긴축을 너무 세게 한 결과 재정 기능이 크게 위축되어 있었고, 이를 확대해서 정상화하자는 데 별로 이견이 없었다. 저자도 이 시기에 당연히 재정 기능을 정상화하는 방향의 정책연구들을 수행했다. 그러다가 1997년 외환위기 이후 2000년대에 들어서서 재정학계의 분위기는 완전히 바뀌었고, 현재까지도 대세는 기본적으로 감세와 작고 효율적인 정부인 것으로 보인다.

그런데 우리나라는 정부 수립 이래 효율적 자원배분과 공평한 소득분배를 이루는 재정 본연의 기능 면에서 한번도 큰정부를 한 적이 없다. 늘 작은정부를 운용했다는 것이 객관적인 사실이다. 1980년대의 강력한 긴축으로 그 기능은 더 작아졌다. 1990년대 들어 몇 년 동안 재정 확대를 했지만, 몇 년간의 확대로 큰정부가 되지는 않는다. 2000년대 이후 현재까지 우리는 작은정부의 기조를 기본적으로 유지하고 있다.

늘 작은정부를 운용하면서 사회복지체계와 사회안전망이 제대로 작동하지 못하고 각자도생의 삶이 현재까지도 이어지고 있는 상황에서, 현재 우리가 직면한 저출산, 고령화, 양극화와 성장잠재력 저하 등의 근본적 문제들을 극복하기 위해서는 오랫동안 제 기능을 못한 재정 기능의 정상화가 너무도 당연하게 우리가 택해야 할 정책 방향이라고 저자는 판단했다. 이런 주장을 지난 33년간 줄기차게 해왔다.

그런데 이런 저자의 의견은 여전히 소수의견인 것으로 보인다. 신자유주의적 전통이 강해서인지, 개발연대의 산업지원에 대한 향수가 있어서인지, 아니면 과거에 정부의 정책금융 등의 권한이 너무 컸던 것에 대한 반작용인지, 그냥 보수적 견해가 강해서인지, 우리나라에서는 감세, 작고 효율적인 정부, 규제 완화, 산업지원 등의 견해가 우세한 것이 현실이다.

지난 33년간 저자는 KDI와 인천대에 재직하면서, 다양한 정책연구와 자문활동을 하면서, 재정학계에서 활동하면서, 수없이 많은 정책토론회와 공청회 등에 참여하면서, 기본적으로 우리나라 재정 기능의 정상화를 통해 당면한 문제들을 극복해서 우리 경제가 한걸음 더 나아가야 한다는 주장을 지속적으로 해왔다.

세금을 더 거두어서, 아이를 낳아서 기르는 부담을 사회가 분담하고, 일·가정 양립을 지원하고, 교육 기회의 평등과 교육의 질을 제고하고, 공공주택 공급을 확대하고, 사회안전망을 튼튼히 하고, 저소득계층과 장애인에 대한 지원을 확대하고, 노인·장애인 등에 대한 요양·간병·돌봄 서비스를 확충하고, 소비자 보호·근로자 안전·환경 보호를 위한 지원을 확대하고, 지방을 더 발전시키는 지원을 확대하는 등의 분야에서 재정지출을 확대해야 한다고 주장했다. 양극화 해소를 위해 조세·재정의 재분배 기능이 강화되어야 한다는 점을 강조했다. 굳건한 안보태세를 확고히 하기 위한 국방투자를 확대해야 한다는 것도 늘 강조했다.

재정건전성을 유지하면서 재정지출을 확대하기 위해서는 아무리 인기 없는 정책일지라도 증세가 반드시 필요하다는 점을 설득하기 위해 노력했다. 그리고 증세와 큰정부의 기본 전제조건으로서 꼭 필요한 정부개혁과 재정개혁 방안을 마련하는 정책연구들을 수행하고자 했다.

이제 교수 정년이 3년 정도 남은 시점에서, 지금까지의 이런 노력과 연구결과들과 주장들을 현시점에서 정리하고 모아서 한 권의 책을 발간하고자 한다. 이 책은 저자의 그런 인생 여정의 성과물을 담고 있다. 한 명의 경제학자로서, 늘 시장원리, 시장의 힘을 이해하고 존중하면서, 시장실패가 있을 때 정부가 이를 극복하기 위해 발휘해야 하는 지혜를 찾는 데 도움을 주는 그런 연구를 하고 싶었다. 이 책에서 제시하는 정책방안들이 한국경제가 당면한 심각한 문제들을 극복하는 지혜가 될 수 있기를 기원한다.

마지막으로, 내 아내에게, 내 아내이어서 고맙다는 말을 전하고 싶다. 내 딸에게, 내 딸이어서 고맙다는 말을 전하고 싶다.

2024년 4월 봄날에

황성현

차례

제1장
들어가며: 한국의 재정체계와 쟁점들

1. 한국의 재정체계와 재정통계
   재정체계와 조세체계의 개관
   재정규모와 재정수지, 관리재정수지
2. 다루고자 하는 재정운용의 쟁점들

한국의 재정 이야기를 하고자 한다. 재정은 나라 살림이다. 나라 살림이라 하면 나의 삶과 별 상관없는 일처럼 느껴지기도 하겠지만 세상에 세금 피할 수 있는 사람 없고, 한 국가의 조세·재정정책이 개인의 삶과 경제 활동과 경제체제에 미치는 영향은 막강하다. 2024년에 중앙정부에서만 연간 656.6조 원을 지출하니, 이보다 더 막강한 경제정책 수단을 찾기 어려울 것이다.

저출산, 고령화, 양극화, 성장잠재력 저하로 요약되는 우리가 당면한 한국경제 위기의 구조적 문제들을 해결하는 데 있어 조세·재정정책은 가장 중요하고 핵심적인 역할을 하고 있고, 또 그렇게 해야 한다. 이제 우리 경제가 처한 어려움을 극복하고 한걸음 더 나아가기 위해서는 어떻게 우리의 시각과 발상을 전환하고, 무엇을 어떻게 해야 하는지, 그런 나라 살림의 이야기를 해보고자 하는 것이다.

1절에서는 앞으로의 모든 논의의 기초가 되는 우리나라의 재정체계와 재정통계를 간략히 설명하고 있다. 다소 딱딱한 이야기이지만, 복잡한 우리 재정체계와 기본적인 재정통계를 이해하는 데 도움이 되는 설명을 최대한 간결하게 담고자 했다. 2절에서는 이 책 전체를 통해 다루고자 하는 주요 정책 쟁점들과 주제들을 소개하고, 그 주된 내용과 입장을 정리하고 있다. 특히 이 책 전반을 관통하는 지금까지와는 구분되는 세 가지 정책전환의 큰 방향을 소개하고, 모든 정책 논의의 출발점이 되는 '시장과 정부의 역할 정립'의 기본 관점을 본격적인 논의에 앞서 간단히 소개하고 있다.

1. 한국의 재정체계와 재정통계

재정체계와 조세체계의 개관

나라 살림 이야기를 할 때 제일 먼저 필요한 것은 우리나라의 재정체계를 대략적으로라도 이해하는 일이다. 일반적으로 재정체계, 재정제도, 재정통계 등을 제대로 파악하는 것은, 경우에 따라서는 전문가에게조차 어려운 일일 수 있다. 조금 지루하더라도 우리나라의 재정체계와 재정통계를 중앙정부를 중심으로 간단히 설명하고자 한다. 일단 중앙정부의 재정체계를 이해하면 지방정부의 재정체계는 이에 준해서 이해 가능할 것이다.

일반적으로 재정의 범위를 설정할 때 중앙정부와 지방정부, 그리고 각각에 속하는 비영리공공기관을 포괄하는 '일반정부'(general government) 개념을 사용한다. 즉, 보통 재정이라고 하면 일반정부의 활동을 이야기하는데, 일반정부에 공기업까지 합한 더 넓은 범위를 공공부문(public sector)이라고 한다. 여기서 비영리공공기관은 공무원 조직은 아니지만 정부의 재정정책 기능을 수행하고 있어서 일반정부에 포함되는 기관으로, 예를 들면 한국개발연구원(KDI), 국민연금공단, 한국농어촌공사, 중소벤처기업진흥공단, 각 지자체의 시설관리공단 등과 같은 기관들이다. 그리고 대표적인 공기업으로 한국전력공사, 한국도로공사, 한국수자원공사, 한국토지주택공사 등이 있다.

아마도 비영리공공기관과 공기업이 비슷한 성격의 기관으로 보일 수 있는데, 비영리공공기관과 공기업을 구분하는 기준 등 재정의 범위와 관련한 상세한 논의는 2장에서 재정규모 논쟁을 다루면서 설명하게 될 것이다.

이제 우리가 부담하는 세금, 조세 이야기부터 시작하기로 한다. 재정학 교과서에서 조세(세금)란 '국가가 수입을 조달할 목적으로 특정한 개별적인 보상 없이 사경제로부터 강제적으로 징수하는 화폐 또는 재화'라고 정의한다. 이런 정의로부터 우리 주변에서 흔히 볼 수 있는 잘못 한 가지부터 지적하자면, 우리 조세체계에서 전기세나 수도세 같은 세금은 존재하지 않는다는 점이다. 세금은 특정한 개별적인 보상 없이 징수하는 돈이다. 우리가 흔히 전기세나 수도세라고 부르는 것은 우리가 사용한 재화나 서비스의 대가로 지급하는 공공요금이지 세금이 아니다. 이제 우리 주변에서 흔히 볼 수 있는 이런 용어 사용부터 바로잡아야 한다.

2022년에 우리는 조세(국세+지방세)로 514.5조 원을 냈는데, 이 중 국세수입이 395.9조 원이다. 국세는 3대 세목인 소득세, 법인세, 부가가치세 등 14개의 세목으로 구성되어 있는데, 그 대부분은 '일반회계'라는 정부의 가장 기본적인 회계단위로 들어가서 국방, 행정, 복지, 교육 등의 분야로 예산 우선순위에 따라 지출된다.

14개의 국세 항목 중 교통세, 관세, 종부세 등을 제외하고 소득세, 법인세, 부가가치세, 상속·증여세, 개별소비세, 증권거래세, 인지

세, 과년도수입 등 8개 항목을 '내국세'로 별도로 묶어서 분류하는데, 내국세 항목이 중요한 것은 이것이 중앙정부에서 지방자치단체와 지방교육자치단체로 돈을 나누어 주는 지방재정교부금과 지방교육재정교부금을 산출하는 베이스가 되기 때문이다.

내국세의 19.24%는 지방재정교부금으로 지방자치단체에, 20.79%는 지방교육재정교부금으로 지방교육자치단체에 자동으로 이전된다. 즉, 국세의 약 40% 정도는 지방에 의무적으로 이전되는데, 지방자치에도 불구하고 이러한 제도를 운용하는 기본 목적은 지방재정의 지역별 형평화 기능을 수행하는 것이다. 만일 이러한 기능이 없다면 지자체별로 세수의 부익부 빈익빈 현상이 가중될 것이기 때문이다. 중앙정부가 일단 국세로 거두어 세수가 부족한 자치단체에 더 지원하는 방식으로 형평화 기능을 수행하는 것이다.

2023년에 우리나라 중앙정부 재정체계는 일반회계와 21개의 특별회계, 그리고 68개의 기금으로 구성된다. 즉, 중앙정부 재정체계는 총 90개의 '돈주머니'로 구성되어 있다. 특별회계와 기금 모두 '특정한 세입을 특정한 세출로 연결해서 특정 사업을 수행'하는 회계단위들인데, 국회 심의는 동일하게 적용되지만, 기금의 경우 특별회계에 비해서 보다 탄력적인 예산운용이 가능하다. 이들은 국세 수입뿐 아니라 각종 부담금, 사회보험료, 수수료, 재산 수입 등을 재원으로 운용된다.

특별회계, 기금이라 하면 그저 정부의 복잡한 회계단위로만 인식

할 수 있으나, 이들의 운용은 많은 경우 우리 일상생활과 밀접히 연관되어 있다. 우리가 차에 기름을 넣을 때 부담하는 교통세는 교통시설특별회계의 재원으로 교통시설 확충에 사용된다. 경유차를 운행할 때 부담하는 환경개선부담금은 환경개선특별회계에서 대기 및 수질 환경개선사업을 위해 사용된다.

담배 가격에 포함된 국민건강증진기금을 주재원으로 조성된 것이 국민건강증진기금이다. 영화관 입장료의 3%는 영화발전기금으로 사용된다. 우리가 내는 수도요금에는 수돗물 1리터당 170원의 물이용부담금이 포함되어 있고, 이들은 한강수계관리기금 등 4대강 수계관리기금으로 조성되어 상수원 수질개선 사업에 사용된다. 전기요금의 3.7%에 해당하는 금액의 추가 납부로 조성되는 전력산업기반기금도 있다. 우리가 해외로 출국할 때마다 1인당 1만 원의 출국납부금을 내고 있고, 이 돈은 관광진흥개발기금으로 운용된다. 국민연금기금은 국민연금보험료로 조성, 운용된다.

이들 특별회계와 기금 제도의 개선, 현재 진행 중인 각종 부담금의 정비에 대한 논의들은 8장에서 다루게 될 것이다.

재정규모와 재정수지, 관리재정수지

이렇게 총 90개의 회계단위로 구성되어 수많은 회계 간 내부거래를 포함해서 크고 작은 규모의 지출이 복잡하게 이루어지는 중앙정부 재정의 1년간 지출 규모(순계)와 재정수지 등을 어떻게 파악할 수 있을까? 중앙정부가 1년 동안 실제로 쓴 돈이 얼마이고, 재정 상태가 흑자인지, 적자인지, 아니면 균형인지를 어떻게 파악할 수 있을까?

이를 위해 우리가 사용하고 있는 통계 기준은 국제통화기금(IMF)의 정부재정통계(Government Finance Statistics, GFS) 기준에 의한 통합재정수지 기준이다. GFS 기준은 재정통계의 국제 기준으로 널리 사용되고 있다. 우리나라는 이 기준을 뒤늦게 1979년에 도입했고, 이에 따른 통계는 1970년부터 존재한다.

통합재정수지 기준은 일반회계, 특별회계, 기금을 포괄하는 순계 기준으로, 정부의 모든 거래를 정상적 거래, 보전적 거래, 내부거래로 구분해서 경제적 의미를 갖는 재정(지출)규모와 재정수지를 계산하는 기준이다. 이 세 가지 거래 개념은 간단하다. 보전적 거래란 돈이 부족해서 돈을 빌려오거나 돈이 남아서 돈을 빌려주는 거래이다. 내부거래란 한 회계단위에서 다른 회계단위로 돈을 보내고 받는 회계 간 거래를 의미한다. 그 나머지 정부의 정상적인 재정 활동을 위한 모든 거래가 정상적 거래이다.

이렇게 모든 거래를 세 가지로 분류한 후, 내부거래와 보전적 거래를 제외하고 정상적 거래들만 모두 합산할 경우 정부가 1년 동안 실제 쓴 돈의 순계 규모를 알 수 있다. 내부거래를 제외하는 것은 이중계산을 방지하기 위해 당연한 것이다. 예를 들어 정부가 남는 돈을 금융기관 등에 예치한 것은 보전적 거래인데, 이는 재정 활동 이후에 남은 돈을 맡긴 것이지 정상적인 재정 활동이 아니기 때문에 보전적 거래를 제외하는 것이다. 돈이 부족할 때 이를 메우기 위해 빌려오는 거래(예: 국채발행수입)도 보전적 거래이고, 이는 정상적 재정수입에서 제외한다.

우리가 재정운용 내역을 파악할 때 재정규모와 더불어 가장 기본적으로 알아야 할 지표가 재정수지이다. 재정수지는 '세입－세출'로 정의되고, 세입이 더 크면 재정흑자, 세출이 더 크면 재정적자, 세입과 세출이 같으면 균형예산이라고 파악한다.

그런데 다음과 같은 예를 살펴보자. 어느 해의 세출은 사업비 100원이고, 세입 항목을 보니 조세수입 70원, 국채발행수입 30원이라고 하자. 이런 재정운용을 세입과 세출이 100원으로 같다고 균형예산이라고 파악하는 것은 아무 의미가 없다. 이 경우에는 100원의 정상적 지출을 할 때 정상적 수입인 조세로 70원을 조달했고, 그 결과 30원이 부족한 것을 메우기(보전하기) 위해 국채를 발행해서 30원을 조달한 것이다. 여기서 국채발행수입은 보전적 거래이다.

따라서 경제적 의미를 갖는 재정수지는 '정상적 세입－정상적 세출'로 정의해야 하고, 그렇게 산출하는 방식이 통합재정수지 기준이다. 이 경우에는 정상적 세입(70원)이 정상적 세출(100원)에 30원만큼 부족해서 재정적자가 30원 발생했고, 이를 메우기 위해 30원의 국채를 발행한 것이다.

이렇듯 국제 기준의 통합재정수지는 일반회계, 특별회계, 기금을 포괄해서 '정상적 세입－정상적 세출'로 정의된다. 이를 통해 재정적자인지, 재정흑자인지, 균형예산인지를 파악한다. 그런데 우리나라에서는 2002년부터 우리 현실에 맞는 재정수지를 파악하기 위해 통합재정수지에서 국민연금 등 4개 사회보장성기금들을 제외한 '관리재정수지'를 산출해서 재정건전성 파악 등 재정운용의 중심 지표로 활용하고 있다.•

여기서 관리재정수지가 필요한 것은 다른 나라들과는 달리 국민연금기금이 현재 GDP의 2% 수준에 달하는 막대한 규모의 흑자를 보이고 있기 때문이다. 국민연금보험료는 정부가 국민으로부터 빌려온 돈이 아니므로 정상적 거래이고 당연히 재정수지 계산에 포함되는 정상적 세입이다. 그런데 사회보장세 형태로 그해 거두어서 그해 지출하는(부과방식) 많은 다른 선진국들의 연금과 달리, 부분적립방식의 우리 국민연금제도에서는 대규모의 여유자금이 현재 발생하고 있고, 이 돈은 일반적인 다른 정상적 수입들과는 별도로 운용해서 나중에 연금으로 지출해야 할 돈이다.

국민연금의 여유자금이 있다고 해서 정부가 이 돈을 다른 재정사업 지출에 투입할 수 없다. 따로 적립해서 잘 운용하다가 미래에 연금으로 지출해야 할 돈이다. 이 규모가 현재 막대한 규모이다. 따라서 다른 나라와는 다른 특수한 사정을 반영해서 우리 현실에 맞는

• 황성현 외(2002), 『사회보장성 기금의 수지를 감안한 재정기조 측정지표 개발』, 한국재정·공공경제학회(기획예산처 연구용역 과제)에서 그 기초작업이 이루어졌다.

재정건전성 지표로 관리재정수지 지표를 산출해서 사용하고 있는 것이다. 국제 기준에 따르되, 다른 나라와 현저히 다른 특수한 사정이 있다면 이를 적절히 통제하여 조정하는 것이 우리 현실에 맞는 올바른 지표 산정의 방법이다. 우리는 그래서 관리재정수지 지표를 사용하고 있는 것이다.

이상의 설명을 통해서 우리나라의 복잡한 재정체계를 대략적으로라도 파악할 수 있고, 재정(지출)규모와 재정수지를 어떻게 산출하는지, 그리고 그 수치가 어떤 의미인지를 파악할 수 있게 되었을 것이다. 2023년 말에 국회에서 확정된 2024년 예산에서 중앙정부의 지출 규모(총지출, 순계)는 656.6조 원이고, 통합재정수지는 44.4조 원 적자(GDP의 1.9%), 그리고 관리재정수지는 91.6조 원 적자(GDP의 3.9%)이다. 매해의 재정적자가 쌓인 결과로 누적된 2024년 말의 국가채무는 1,195.8조 원으로 GDP의 51.0% 수준이다.

2. 다루고자 하는 재정운용의 쟁점들

지금까지 우리나라 재정체계와 재정통계를 어느 정도 파악했으니, 이제 이 책에서 앞으로 다루고자 하는 재정운용의 주요 쟁점들과 주제를 본격적인 논의에 앞서 미리 간략히 소개해 보고자 한다.

먼저 재정규모와 관련한 논쟁은 '작은정부'와 '큰정부'에 대한 논쟁이다(2장). 여기서는 우선 우리나라 재정규모가 다른 선진국들에 비해 상대적으로 어느 정도 규모인지부터 제대로 파악해 보아야 한다. 그리고 작은정부는 늘 효율적이고, 큰정부는 비효율적이며 경제성장에 부정적 영향을 미치는지에 대한 질문에도 답해야 한다. 우리 경제의 발전 단계와 그간의 재정의 역할에 대한 올바른 인식에 기초해서 저출산, 고령화, 양극화와 성장잠재력 저하 등 당면한 위기 요인에 대처하는 재정의 역할 재정립 차원에서 재정운용의 대안을 모색해야 한다.

재정수지와 국가채무 등으로 파악하는 재정건전성에 대한 객관적 평가와 올바른 인식, 그에 따른 정책기조 설정 문제도 우리가 다루어야 할 핵심 쟁점 중 하나이다(3장). 최근 재원 대책 없는 포퓰리즘적 재정지출 확대와 그에 따른 재정건전성 악화, 그리고 재정의 지속가능성 등의 문제가 다양한 관점에서 제기되고 있다.

한편에서는 재정건전성 악화가 경제위기를 가져올 수 있고, 재정의 지속가능성을 약화시키며, 후세대에게 너무 큰 부담을 전가한다는 비판을 하고 있다. 그런데 다른 한편에서는 우리 국가채무 수준이 선진국의 절반 수준도 안되므로 적극적인 지출 확대를 통해 문제를 해결해 나가는 것이 오히려 경제 상황을 개선하고 후세대에도 도움이 된다는 주장을 펴고 있다. 이런 논쟁에 대해서 '왜 재정건전성이 유지되어야 하는가?'의 관점에서 나름의 해답을 제시하고자 한다.

4장은 감세 vs 증세 논쟁을 다루고 있다. 조세정책의 큰 방향에 대해서도 첨예한 논쟁이 끊임없이 이르어지고 있다. 한편에서는 감세정책을 주장하고, 다른 한편에서는 증세의 필요성을 강조한다. 정치권은 공통적으로 증세에 대한 거부감을 표시하고, 증세 추진에 부정적이거나 미온적이다. 이 문제는 우리나라 재정의 역할 재정립과 재정건전성에 대한 인식 및 평가 문제와 밀접히 관련되어 있다.

만일 우리가 처한 현실에서 당면한 문제들을 극복하고 발전해 나가기 위해서 큰정부와 재정건전성 유지가 필요하다면 증세정책은 어렵지만 불가피한 선택이 된다. 다른 선진국들은 대부분 우리보다 높은 조세 부담 수준을 오래전부터 유지해 왔고, 그럼에도 불구하고 우리보다 높은 국가채무 부담에 시달리고 있다. 여기서는 우리 현실에서 증세정책이 왜 꼭 필요한지에 대해 논의할 것이다.

이러한 논의들을 종합하면 우리 조세·재정정책의 큰 운용 방향을 설정할 수 있다(5장). 한국경제의 발전 단계와 그간 재정의 역할에 대한 객관적 인식과 평가에 기초해서 우리가 당면한 문제들을 극복하여 더 성장하기 위한 조세·재정정책의 운용 방향에 대해 논의할 것이다. 그 기본방향은 증세를 통한 조세·재정 기능의 정상화이고, 인구·사회 문제에 적극적으로 대처하고 불평등을 축소하는 재정의 적극적 역할 수행이 될 것이다.

재정 기능의 정상화를 위해서는 증세를 통한 재원 확보가 필수적인바, 6장에서 증세를 위한 구체적인 대안들을 제시할 것이다. 증세를 위한 가장 중요한 세목으로서 소득세제 강화 방안과 더불어, 그간 논쟁이 가장 치열하게 이루어져 온 법인세제 개편에 대한 입장도 밝힐 것이다. 그밖에, 방위세제의 재도입과 담배나 경유에 대한 과세 강화 방안, 부동산 및 금융소득에 대한 과세 강화 방안들을 구체적으로 제시할 것이다.

부문별 재정지출에 있어, 재정지출을 어떤 부문에서 확대하고, 지출 부문별로 어떻게 구조조정해야 하는지에 대한 논의를 할 것이다. 7장에서는 가장 핵심적인 재정지출 부문이라 할 수 있는 복지, 교육, 국방, 공공일자리와 관련된 부문별 재정정책 이슈들을 다루게 될 것이다. 복지지출 부문에서는 저출산 문제의 극복과 여성경제활동참가율 제고를 위한 복지지출 확대, 기초연금제도 개선, 저소득계층과 장애인 등에 대한 지원 확대, 치매·발달장애 등 가족이 감당하기 어려운 질병에 대한 국가적 책임 강화 등의 과제들을 다룰 것이다.

교육 기회의 형평성과 공교육의 질 제고를 위한 교육재정 운용의 개선과제도 다루고 있다. 최근 주요 쟁점인 지방교육재정교부금제도 개편에 대한 입장을 밝히고, 교육개혁의 핵심 과제로 '지역거점대학 집중육성사업'을 제안하고 있다. 자주국방 태세를 굳건히 하기 위한 국방예산 규모의 적정화 및 지출구조 개선과제도 다룰 것이다. 최근 국방 분야의 주요 정책으로 추진하고 있는 급격한 병사 봉급 인상의 문제점에 대해서도 논의할 것이다.

또한 공공부문 일자리 확대에 대한 인식 전환의 필요성에 관해 이야기하고, 필요한 공공서비스를 확충하기 위한 공공일자리 확대 분야에 대해서도 논의할 것이다. 7장에서는 재정지출의 부문별 개혁 과제들을 논의하면서, 최근에 정책논쟁이 활발하게 이루어졌던 기본소득, 전국민재난지원금, 지역화폐에 대한 정책 논의도 비판적으로 다루게 될 것이다.

정부 기능과 조직, 그리고 재정운용의 효율성을 확보하여 재정지출 낭비를 줄이고 정부 및 재정에 대한 국민의 신뢰를 회복하는 것은 모든 개혁과 정책 개선의 기본적 전제조건이다. 특히, 큰정부와 증세를 이야기하면서 정부 및 재정개혁 방안을 논하지 않는 것은 있을 수 없는 일이다. 8장에서는 정부의 정책기능 재정립 방향과 그에 입각한 정부조직 개편의 정책 아이디어들을 제시하고자 한다.

그리고 저자가 오랫동안 연구해 왔던 재정개혁과 제정제도 개선 분야에서 재정지출의 낭비를 줄이고 효율성을 제고하기 위한 재정관리체계 재정립 및 재정제도 개선과제들을 제시할 것이다. 예산사업에 대한 사전·사후 평가의 강화, 재정관리 전담부처의 신설, 지방재정·지방교육재정에 대한 일관된 관리체계 확립, 재정융자제도 개편, 특별회계·기금과 부담금의 정비, 국공채 강제소화제도의 정비 등의 과제들을 다룰 것이다.

이렇게 우리나라 조세·재정정책 및 정부·재정개혁 과제들을 제시하면서, 이들 정책과제와 향후의 모든 경제정책을 수행하는 데 있어 그 기본적인 관점이 되는 세 가지 '발상의 전환 포인트'를 제시할 것이다(9장). 그것은 첫째, 지금까지의 경제 문제 중심에서 사회 문제 중심으로 전환하는 것이다. 개발연대 이래 현재까지도 정부는 줄곧 경제 문제 해결에 최우선순위를 두고 모든 역량을 집중해 왔지만, 이제 정부는 저출산, 고령화, 양극화로 요약되는 사회 문제에 집중해야 한다. 산업지원 등 경제 문제는 이제 시장에 더 많은 부분을 맡기고, 정부는 시장만으로 좀처럼 해결되지 않는 사회 문제 해결에 더 적극적으로 나서야 한다는 것이다. 그것이 저출산을 극복하고 불평등을 축소해서 경제 문제도 해결하는 방법이라 믿는다.

둘째, 개발연대 이래 지금까지도 지속되고 있는 생산자·공급자 중심의 정책에서 소비자·수요자 중심으로 정책을 대전환해야 한다. 제품 생산과 서비스 제공에 대한 생산자의 책임을 강화해야 하고, 생산자를 지원하는 개발연대식 산업지원에서 이제는 벗어나야 한다. 소비자와 근로자의 안전을 확보하고, 소비자의 권익을 높이며, 소비자와 환경을 보호하는 정책으로 전환해야 한다. 이런 정책들이 궁극적으로 산업의 경쟁력을 높이고 모든 국민인 소비자의 후생을 높이는 정책이다.

셋째, 수도권 중심의 정책에서 진정한 지방발전을 위한 정책으로 전환해야 한다. 우리나라의 수도권 집중 문제는 나날이 악화되고 있고, 지방은 소멸의 길을 걷고 있다. 안 그래도 좁은 국토를 이렇게 일부만 집중적으로 사용하는 것은 결코 효율적이지 않다. 저출산 문제를 극복하기 위해서도 수도권 집중을 완화하고 진정한 지방균형 발전의 시대를 열어야 한다.

마지막으로 10장의 결론에서는 이 책의 모든 정책 쟁점과 논의들을 정리하면서, 우리가 당면한 근본적인 문제들을 해결하여 한걸음 더 나아가기 위한 핵심 정책대안을 종합적으로 정리하여 제시할 것이다. 그간 사회복지체계와 사회안전망 등 인구·사회 문제에 대처하는 시스템이 제대로 작동하지 못해서 초래된 근본적 문제들을 해결하기 위한 조세·재정 기능의 정상화가 그 핵심 대안이 될 것이다.

이러한 모든 정책 논의에서 저자가 항상 견지하려고 한 기본자세는 '시장경제체제에서 시장이 작동할 때 시장의 힘을 존중하고, 시장이 실패하는 경우 정부가 어떤 지혜를 발휘해서 어떻게 정책을 수행해야 할지를 고민하는 것'이었다.

자본주의 시장경제체제에서 시장이 작동할 때 시장의 효율적인 자원배분 기능, 그 어떤 다른 자원배분 기구도 가질 수 없는 '시장의 힘'을 존중해야 한다. 시장이 작동할 때 시장의 힘을 거스르는 인위적 개입은 문제를 악화시킬 수 있고, 그런 개입은 줄여야 한다. 그러나 다른 한편으로 '시장실패'가 있을 때 그 요인들을 면밀히 살피고,

그러한 실패를 정부가 어떠한 지혜를 동원해서 어떻게 고쳐 나갈지도 충분히 고민해야 한다. 그런 고민 속에서 한국경제가 당면한 위기 요인들을 극복하고 발전해 나가는 데 도움이 되는 정책대안들을 제시하기 위해 노력했다.

제2장
작은정부 vs 큰정부 논쟁: 왜 큰정부인가?

작은정부, 큰정부의 기준과 중앙정부 재정규모의 추이 변화
중앙일보–기획예산처 간 재정규모 논쟁과 재정의 범위
일반정부 재정규모의 비교
왜 큰정부인가?

작은정부 vs 큰정부의 재정규모 논쟁은 재정전문가뿐만 아니라 경제·사회 문제에 관심이 있는 많은 사람에게 늘 흥미로운 논쟁 주제였다. 그런데 우리나라의 대다수 경제학자, 재정학자, 정책관계자들은 작은정부가 효율적이고 경제성장에 도움이 된다고 믿는 것으로 보인다. 우리 현실에서 작은정부의 필요성과 당위성을 강하게 주장하는 사람들을 많이 볼 수 있지만, 큰정부를 강하게 주장하는 사람들은 상대적으로 소수인 것으로 보인다. 이 논쟁에서 저자는 우리 경제의 발전 단계와 당면한 문제들, 그리고 지금까지의 재정의 기능과 역할 수행 정도 등을 감안할 때, 현 단계에서 큰정부가 필요하다고 주장하고 있다. 그 이야기를 하고자 한다.

작은정부, 큰정부의 기준과 중앙정부 재정규모의 추이 변화

우선 작은정부, 큰정부라고 할 때, 작고 큰 것을 정하는 첫 번째 기준은 재정지출 규모이다. 이전 시기와의 비교나 다른 나라와의 비교를 위해 재정지출의 GDP 대비 비율을 사용할 것이다. 이 기준의 적용은 국제적 비교가 가능한 일관된 기준(예: IMF의 GFS 기준)이 정해져 있어서 비교적 정확한 비교 평가가 가능하다는 장점이 있다. 또한 한국의 재정 이야기를 하는 이 책에서 당연히 가장 핵심적인 비교 기준이 될 것이다.

재정규모 이외의 기준으로는 공공부문 인력 규모, 규제 건수와 강도 등이 있을 수 있다. 이 중 공공부문 인력 규모 비교의 경우, 7장에서 공공부문 일자리 확충 문제를 다루면서 일부 비교 수치를 제시할 것이다. 그런데 공공부문 인력의 경우 재정규모에 비해 일정한 포괄범위를 정해서 상대평가를 하는 것이 어렵고, 그런 객관적인 국제 기준에 의한 평가자료도 찾기 어렵다.

정부가 동일한 업무를 하면서 민간에게 위탁하는 정도 등에 큰 차이가 있을 수 있고, 따라서 동일한 업무를 수행하는 데 공공부문 인력 규모에는 큰 차이가 있을 수 있다. 다만 재정지출 규모가 작을 경우 공공부문 인력 규모도 작아질 것이라 추론할 수 있을 것이다. 규제 건수나 강도 등에 대한 비교는, 특히 규제 강도에 대한 비교는 더욱 어려운 일이 될 것이다.

재정규모의 상대적 비교를 하면서 먼저 우리나라 중앙정부 재정지출 규모의 GDP 대비 비율의 추이를 살펴보기로 한다. 과거와 현재의 비교인데, 우리 재정통계에서 일관된 비교가 가능한 지표는 중앙정부 통합재정 규모이다. 통합재정수지 기준으로 우리나라 통합재정지출의 GDP 대비 비율은 1970년대 이래 증가해서 1981년에 23.0%로 정점을 찍었다. 이후 1980년대에 물가안정을 위해 강력한 긴축 재정정책을 수행하면서 이 비율은 1988년에 14.9%까지 크게 낮아졌다. 그러다 1990년대에 소위 '재정 기능의 정상화' 과정을 거치면서 꾸준히 이 비율이 높아져 왔다. 1980년대에 물가안정을 위한 강력한 긴축정책으로 재정지출의 GDP 대비 비율이 크게 낮아진 이후, 1990년대에 이에 대한 반작용으로 재정지출을 비교적 빠르게 증가시켰는데, 이 시기를 보통 재정 기능의 정상화 시기로 일컫는다.

1990년대에 수년간 재정 확대가 이루어졌지만, 외환위기나 글로벌 금융위기 시기를 제외하고 2000년대 이후 상대적 재정규모는 대체로 20% 내외 수준을 보였다. 2010년에는 이 비율이 19.2%였고, 2017년에 20.7%였다. 그러다가 문재인 정부 기간에 이 비율이 높아져서 2019년에 1981년과 비슷한 23.8%였다. 이후 2021년에는 코로나 등의 영향과 문재인 정부의 재정 확대 정책으로 27.4%까지 이례적으로 높아졌다.

2023년 이후에는 다시 재정 긴축 기조를 유지하고 있기 때문에 최근에 이 비율은 다시 낮아질 것이다. 2023년에는 추경 편성이 없었고, 특히 56.4조 원에 달하는 국세 수입 결손 등으로 결산상 총지출액이 전년 대비 69.3조 원(GDP의 약 3.2%)이나 줄어들었다. 2024년의 예산상 총지출 증가율은 2.8%까지 낮아졌다.

이런 추이 변화를 보면 재정전문가들에게도 잘 알려지지 않은 흥미로운 사실을 하나 확인할 수 있다. 일반적으로 경제가 성장하고 고령화가 빠르게 진행되면 재정수요도 빠르게 늘어나서 재정지출의 GDP 대비 비율이 높아진다. 그런데 우리나라 중앙정부의 상대적 재정규모가 1981년의 수준을 회복한 것은 그 38년 후인 2019년임을 확인할 수 있다. 이는 놀라운 사실이다.

물론 1980년대의 강력한 긴축정책과 재정분권 등의 영향이 일부 있겠으나, 다음에서 설명할 일반정부 기준의 과거 통계가 미비한 상황에서 2019년의 중앙정부의 상대적 지출 규모가 1980년대 초반과 비슷하다는 것은 재정규모 면에서 우리 재정운용의 중요한 단면을 보여 주고 있다. 정말 오랫동안 우리나라는 작은정부를 운용해 왔다.

중앙일보-기획예산처 간 재정규모 논쟁과 재정의 범위

재정규모의 다른 나라와의 상대평가를 위해서는 국제 기준의 일반정부 기준에 의한 비교 평가가 필요하다. 앞에서 설명한 바와 같이 일반정부란 '중앙정부+지방정부+각각의 비영리공공기관'으로 구성된다. 여기서 중요한 것은 외관상 비슷하게 보이는 비영리공공기관(예: 예금보험공사)과 공기업(예: 한국도로공사)을 국제 기준에 맞게 구분하는 것이다. 비영리공공기관은 일반정부에 포함되지만 공기업은 일반정부에 포함되지 않고, 일반정부에 공기업을 합한 것을 공공부문(public sector)이라 부른다.

정확한 재정규모 지표를 파악하기 위해서는 재정범위를 올바르게 설정해야 한다. 재정의 범위 설정과 관련해서 꽤 시끄러웠고 잘 알려진 논쟁이 하나 있었는데, 바로 2006년 4월의 중앙일보-기획예산처(당시 재정당국) 간 재정규모 논쟁이다. 저자는 관련 토론회에 정부 측 발제자로 참석했었는데, 당시 논쟁을 소개하면서 재정범위의 올바른 설정 기준에 대해 설명하고자 한다.

2006년 4월에 중앙일보는 지방정부를 포함해서 우리 정부의 씀씀이를 국제 기준으로 제대로 계산하면, 그 당시 공식적으로 알려진 GDP의 28%가 아니라 38%라는 주장을 1면 톱기사로 보도했다. 당시 GDP의 28%라면 작은정부에 해당하지만, 38%라는 수치는 유럽 국가들보다는 작지만 일본, 미국보다는 큰 수치였다.

당시 우리 재정통계에서 재정에 포함해야 할 일부 기관들의 지출이 빠져서 그런 것이지 이들을 포함하면 우리 재정규모가 결코 작은 것이 아니라는 것이 중앙일보 측의 주장이었다. 이런 주장의 이면에는 당시 참여정부가 복지 등을 중심으로 재정 확대를 추진하는 것을 어느 정도 제어하기 위한 의도도 있었던 것으로 판단된다. 즉, 이미 작지 않은 정부인데, 참여정부가 재정을 확대하려 한다는 것을 부각하려고 한 것으로 보인다.

이런 보도를 계기로 우리 정부가 정말 작은정부인지 여부를 판단하는 재정규모 논쟁이 활발하게 이루어졌다. 그 당시 저자는 재정정책을 연구하는 한 연구자의 입장에서 이런 중앙일보의 주장이 얼마나 무리한 주장인가를 밝히고자 노력했고, 결과적으로 그 목적은 달성된 것으로 판단한다. 그 내용을 설명하고자 한다.

앞에서 언급한 대로 국제 기준으로 정부의 씀씀이 규모를 비교할 때 정부 재정의 범위는 일반정부까지이다. 일반정부에 공기업을 더하면 공공부문이 된다. 국제 기준의 재정통계 작성 지침인 2001 GFS 매뉴얼은 일반정부에 공기업이 포함되지 않음을 명시적으로 밝히고 있다. 그런데 결론부터 이야기하자면, 당시 중앙일보 측은 다수의 공기업을 우리나라 재정의 범위에 포함시켜서 일반정부 지출 규모를 산정하고, 이를 공기업을 제외하고 있는 다른 나라의 일반정부 재정지출 규모와 상대평가하는 오류를 범했다.

만일 이 기사가 우리나라 '공공부문' 규모가 GDP의 38%라고 보도했으면, 이는 너무나 당연한 것을 보도한 것이다. 일부 공기업을 더 추가하면 수치는 좀 더 커진다. 덩치 큰 공기업을 일반정부에 더하면 그 규모가 커지는 것을 누가 모르겠는가? 우리의 공공부문 지출 규모를 구했으면 그것을 다른 나라의 일반정부가 아닌 공공부문 지출과 비교해야 하는 것이다.

그런데 아마도 중앙일보 측이 의도했던 것은 우리의 경우 공기업으로 분류된 일부 기관들이 실제로 공기업이 아니라 정부 정책을 수행하는 산하기관이므로, 이들을 일반정부에 포함시키자는 것일 것이다. 그 결과 KBS, 한국주택공사, 한국철도공사, 한국도로공사 등 61개 기관의 지출 합계 50.4조 원을 추가했고, 그래서 정부 공식 통계와 큰 차이가 나게 된 것이다. 이 이야기는 이들 기관이 공공성을 가지므로 앞으로 나라 살림 규모를 이야기할 때 KBS가 광고수입으로 출연료를 지급한 것, 주공아파트의 분양수입과 건설비, 철도요금과 철도 운영비용, 고속도로 통행요금과 건설·관리비용(도로공사) 등을 포함해야 한다는 것을 의미한다. 정말 그럴까?

다른 나라와 비교를 제대로 하기 위해서는 국제 기준을 따라야 한다. IMF의 GFS 매뉴얼에서 공기업이란 '공공부문에 속하는 제도 단위 가운데 시장산출물을 생산하는 단위'이다. 이때 비영리공공기관(일반정부에 포함)과 공기업(일반정부에 미포함)을 구분하는 유일한 기준은 '경제적으로 유의미한 가격(economically significant price, ESP)'의 부과 여부이다. 경제적으로 유의미한 가격을 부과하는 기관은 공기업이고, 그렇지 않은 기관은 비영리공공기관이다.

그러면 경제적으로 유의미한 가격은 무엇일까? 경제적으로 유의미한 가격 여부를 판단하는 가장 보편적인 국제 기준은 유럽의 ESA 95 기준이다. 이것은 매출액이 생산비용의 50% 이상을 보전하면 그때의 가격, 즉 생산비용의 50% 이상을 보전하게 할 정도는 되는 가격을 경제적으로 유의미하다고 하고, 그렇지 않으면 경제적으로 유의미하지 않다고 판단하는 기준이다(일명 50% rule). 이것을 흔히 '시장성' 기준이라 지칭하는데 이를 좀 더 부연해서 설명하면 다음과 같다.

예컨대 한국도로공사에서 고속도로 서비스를 제공하기 위한 비용이 100원인데 통행료 등 자체수입으로 50원 이상을 벌고 있다면, 그때 부과되는 통행료는 경제적으로 유의미한 가격이다. 생산원가의 50% 이상을 회수할 정도의 가격이라는 의미에서 '경제적으로 유의미한 가격'이 되는 것이다. 이는 공공적 성격의 서비스라 하더라도 마치 민간기업이 영업하는 것과 비슷한 방식으로 운영하는 것이기 때문에, 공공부문에는 포함하지만 정부가 아닌 공기업으로 분류해야 한다는 것이다. 실제로 한국도로공사는 생산비용의 50% 이상을 회수할 정도의 통행료를 부과하고 있고, 그래서 한국도로공사는 비영리공공기관이 아니라 공기업인 것이다.

우리가 국제 기준을 따르고자 한다면 비영리공공기관과 공기업을 구분할 때 반드시 적용해야 할 기준은 시장성 기준이다. 그런데 당시 중앙일보가 정부에 포함되는 산하기관으로 분류한 기준은 다음과 같다. ① 정부가 기관장 임면권을 갖고 사실상 통제, ② 파산 시 정부가 경영에 대해 책임, ③ 공적 성격 강함, ④ 자산 70억 원 이상, 지출 100억 원 이상 등 네 가지이다. 핵심 기준인 시장성 기준은 아예 빠져 있다.

결국 이 이야기는 일정 규모 이상의 모든 공기업이 비영리공공기관이라는 말이다. 어떤 기관의 활동에 시장성이 없을 때만 비영리공공기관이 된다는 것이 원칙이고 국제 기준인데, 중앙일보의 기준은 이런 기본적인 사항을 무시하고 웬만한 공기업을 다 산하기관에 포함해서 정부의 씀씀이를 측정한 것이다.

이렇듯 재정통계 기준 문제는 매우 전문적이고 면밀한 논의를 요하는 문제이다. 국가의 기본적인 재정통계를 자의적으로 해석해서 하루아침에 1년에 수십조 원을 더 쓴 정부로 만든 것은 잘못된 것이다. 당시 저자는 이러한 사실을 널리 알리기 위해 노력했었다. 이런 논쟁 등을 거치면서 우리나라 재정통계 체계도 국제 기준에 더욱 부합하게 발전해 왔고, 다음에서 확인할 수 있듯이, 이제 이런 통계를 보면 우리 재정규모가 상대적으로 작다는 것은 더 이상 논쟁거리가 아니다.

일반정부 재정규모의 비교

우리는 현재 국제 기준에 부합하는 재정통계 체계를 갖추고 있다. 지방정부와 비영리공공기관을 포괄하는 일반정부 재정지출 규모의 GDP 대비 비율은 2017년에 30.3%, 2019년에 33.9%였고, 코로나 이전 시기까지 30%대 초반 수준을 유지했다. 2020년 이후 문재인 정부의 확장적 재정정책이 시행되고, 코로나에 대응하는 재정지출이 크게 늘어나면서 이 비율은 2021년에 37.7%, 2022년에 40.8%(한국은행의 2022년 공공부문 계정(잠정))까지 높아졌다.

우리나라 일반정부 재정지출의 GDP 대비 비율이 40%를 넘은 것은 관련 통계 작성 이래 처음 있는 일인데, 이 비율은 전술한 바와 같이 2023년 이후 다시 낮아질 것이다. 2023년과 2024년의 총지출 증가율은 각각 5.1%, 2.8%로 이전 시기보다 크게 낮아졌고, 무엇보다 2023년에는 추경이 없었고 대규모 세수 결손 등으로 재정 집행이 전년보다 크게 줄었기 때문이다. 전술한 대로, 2023년에 중앙정부 총세출 집행액(결산)은 2022년 대비 69.3조 원이나 감소했다.

따라서 최근 우리나라 일반정부 재정지출의 GDP 대비 비율은 현실적으로 30%대 후반 수준으로 볼 수 있다. 최근 일반정부 재정지출의 GDP 대비 비율의 OECD 평균은 대체로 40%대 초·중반 수준을 유지하고 있다. 2012년에 44.7%, 2017년에 42.4%였다가 2021년에는 46.4%까지 높아졌다. 2021년 기준으로 우리와 OECD 평균의 격차는 8.7%p이다. 이러한 일반정부 재정지출 규모의 격차는 비록 최근에 그 격차가 줄기는 했지만 건국 이래, 과거에는 더 큰 폭으로 오랫동안 지속한 현상이다.

왜 큰정부인가?

이러한 상대적 재정규모의 OECD 평균과의 비교가 나라별 특성을 무시한 단순 비교라는 비판이 있다. 그러나 최적 재정규모에 대한 이론적 근거가 미약하고, 시장과 정부 간 역할 구분과 기능 수행은 나라별로 본질적인 차이가 크지 않은 상황에서, 우리와 비교할 만한 국가들의 경험과의 비교는 우리의 실상을 파악하는 데 매우 중요한 논거가 된다. 그렇게 오랫동안, 다른 많은 나라와 그렇게 큰 격차를 보여 왔는데, 이처럼 명확히 우리 재정의 역할이 부족했다는 것을 보여 주는 지표는 없다.

보수진영은 흔히 우리 재정규모가 작은 것이 그간 우리의 고령화 정도가 선진국보다 낮았기 때문이라고 주장한다. 그런데 고령화율은 최근 급속히 높아졌지만, 중앙정부의 상대적 재정규모가 1980년대 초반 수준을 회복한 것이 2019년이라는 사실에서 알 수 있듯이 재정규모는 그렇게 급속하게 커지지 않았다. 그리고 고령화는 복지 재정 규모를 결정하는 '하나의' 중요한 요인이다. 마치 고령화가 재정규모를 결정하는 모든 요인인 것처럼 주장하는 것은 잘못이다. 출산, 보육, 교육, 주택 등 고령화와 관계없는 복지 부문도 많이 있다.

그간 우리는 고령화 정도는 선진국보다 낮아도 경제개발이나 국방 등의 재정 소요가 훨씬 컸는데, 그래도 우리는 늘 작은정부를 운용해 왔다. 과거 많은 논의에서, 일각에서는 복지 부문을 제외하고 비교하면 우리 재정규모가 작은 것이 아니라고 주장하는데, 경제개발비와 국방비를 제외하고 비교하면 선진국과의 격차는 더 벌어진다. 결국, 이 주장은 복지를 중심으로 재정규모가 빠르게 커져야 한다는 주장이고, 우리의 경제개발이나 국방 소요가 더 크다면 우리 재정규모가 선진국 평균보다 오히려 더 커져야 한다는 주장이다.

과거에 금융자금을 동원한 정책금융에 의한 산업지원이 컸고, 민간 부문에 대한 정부의 영향력이 커서 우리가 큰정부를 운용해 왔다고 생각하는 경향이 있다. 그러나 시장실패를 보완하여, 공공재, 가치재, 공공서비스를 제공하고 소득을 재분배하는 '재정 본연의 기능'은 늘 매우 약했다는 것이 객관적 사실이다.

보수진영은 급속한 고령화로 가만히 있어도 재정지출이 급증할 것을 부각하면서 추가적인 복지 확대에 부정적 태도를 보인다. 그러나 이런 정책으로 현재 우리가 직면한 저출산, 고령화, 양극화 등의 문제들을 해결해 나갈 수 없다. 이 같은 주장의 중대한 문제점은 '복지지출은 가만히 있어도 증가한다고 주장하면서 증세에는 반대하고, 법인세 등의 감세를 주장하며, 동시에 재정건전성은 지켜야 한다고 강조'하는 것이다. 뒤에서 강조하겠지만 지출은 가만히 있어도 증가하는데, 증세는 하지 않으면서 재정건전성을 지키는 방법은 없다.

이렇게 우리는 건국 이래 '재정 본연의 역할' 면에서 늘 작은정부를 운용해 왔고, 이것이 우리가 현재 직면한 경제·사회 문제들의 중요한 요인이 되고 있다. 그렇게 오랫동안 재정이 제 기능을 하지 않았으면, 그 때문에 문제가 누적되는 것은 당연하다. 국방, 치안 등 공공재는 시장에서 공급되지 않고, 교육, 주택, 의료 등 가치재와 공공서비스는 시장에서 사회적으로 적정한 양보다 과소공급된다. 이런 재화와 서비스의 적절한 공급 없이 한 경제체제의 효율적 자원배분을 이룰 수 없다.

시장이 작동하는 영역에서는 시장에 의한 자원배분이 가장 효율적인 자원배분을 이루지만, 시장기구는 결코 공평성을 보장하지 않는다. 많은 경우 효율성과 공평성은 이율배반적인 관계를 갖는다. 그렇게 오랫동안 작은정부를 운용했던 나라에서 세제와 재정지출을 통한 소득재분배 기능이 제대로 작동했을 리 없다. 공평한 소득분배를 이루는 조세·재정 기능이 미약했고, 이것이 오늘날 양극화의 중요 요인 중 하나라고 판단한다.

이렇듯 우리가 지금까지 작은정부를 운용해 온 결과는 각종 인구·사회 문제의 심화와 국민 삶의 질 저하로 요약되고, 이것이 우리가 현재 직면한 구조적 문제들의 본질이라고 생각한다. 이들 문제가 저성장의 원인이 되고 있다. 우리는 세계 최저의 출산율(2023년 0.72명)과 세계에서 가장 빠른 고령화를 겪고 있다. 핵심노동인구(25~54세)가 2009~2011년에 정점을 찍고, 2012년부터 이미 하락하고 있다. 일·가정 양립을 위한 지원이 부족하고, 여성의 경력단절 문제가 개선되지 않고, 여성경제활동참가율은 여전히 낮다. 이것이 저성장의 가장 중요한 요인이다.

조세·재정에 의한 소득재분배 기능은 OECD 국가 중 최하 수준이다. 최고의 노인빈곤율(2022년 38.1%)과 자살률(2021년 인구 10만 명당 26.0명) 등 각종 사회지표가 OECD 국가 최하 수준의 상태를 지속하고 있다. 국민 안전과 근로자·소비자 보호, 쾌적한 환경, 주거 문제 개선 등 삶의 질 문제가 그리 개선되지 않고 있다. 교육 문제가 개선되지 못하고, 여전히 사교육비 문제가 심각하며, 우리 사회는 점점 '개천에서 용 나기 어려운 사회'가 되어 가고 있다.

그간 작은정부를 운용한 대가는 이런 것들이다. 이런 요인들로 인해 오늘날의 저성장이 이어지고 있다. 그러니 이런 인구·사회 문제들을 극복하는 것이 더 성장하는 방법이기도 하다. 작은정부 운용으로 초래된 누적된 문제들을 극복하기 위해 이제는 큰정부를 하자는 것이다.

한국경제의 발전 단계와 지금까지 오랫동안 운용한 작은정부의 부작용을 냉철하게 인식해야 한다. 현 상황에서는 저출산, 고령화, 양극화를 극복하기 위한 재정의 역할과 기능 강화가 경제성장도 이룰 수 있는 길이다. 현 상황에서 이런 일을 제대로 하는 큰정부는 경제성장을 저해하는 것이 아니라 경제성장을 위해 필요하다고 판단한다. 더 성장하기 위해서도 재정 본연의 기능은 강화되어야 한다.

제3장
재정건전성 논쟁: 재정건전성은 유지해야 하는가?

재정수지와 국가채무의 추이 변화
재정건전성을 유지해야 하는 이유
국가부채 규모의 올바른 상대평가

재정건전성은 매해 재정운용의 결과로 나타나는 재정수지 적자 폭과 그 결과 누적되는 국가채무 규모로 파악할 수 있다. 당연히 재정적자 폭이 작고 국가채무 수준이 낮을수록 재정건전성이 양호하다고 판단한다.

재정건전성은 단기적으로 재정이 거시경제 안정에 미치는 영향 면에서 중요한 의미가 있다. 일반적으로 재정적자가 커지면 이자율이 올라 민간투자에 악영향을 미치고(구축효과), 이를 막기 위해 통화량이 증가할 경우 물가상승을 가져올 수 있다. 이를 재정적자의 화폐화(monetization of public debt)라고 한다. 재정건전성은 중장기적으로 재정에 대한 신뢰와 국가신인도에 영향을 미치고, 무엇보다 재정건전성이 악화하면 재정의 지속가능성을 저해한다.

재정적자나 국가채무 수준이 어느 수준까지 괜찮다는 이론적 결과가 없는 상태에서 흔히 다른 나라와의 상대적 비교치, 그리고 유럽 국가들의 EU 가입 당시의 기준이었던 재정적자 GDP의 3%, 국가채무 GDP의 60% 등을 적정규모 판단의 기본적인 논거로 사용하고 있다. 최근 우리나라 상황처럼 국가채무가 빠른 속도로 증가하는 것도 주의해야 할 현상이다.

재정수지와 국가채무의 추이 변화

우리나라는 전통적으로 오랫동안 '세입 내 세출' 원칙을 견지하면서 건전재정 기조를 유지해 왔다. 우리나라 통합재정수지 통계(중앙정부)는 1979년에 작성한 1970년 통계부터 존재하는데, 사후적으로 계산한 1970년대의 재정적자 폭은 GDP의 2~4% 수준으로 아주 낮은 것은 아니었다. 당시 양곡관리기금 등의 적자 폭이 컸다.

그러다가 1980년대에 물가안정을 위한 강력한 긴축정책을 시행하면서 재정수지는 크게 개선되었다. 1987년과 1988년에는 최초로 통합재정수지 흑자를 시현했다. 1980년대에는 조세부담률(조세/GDP)을 낮추는 정책을 썼지만 재정지출 증가율을 더 강력하게 억제해서 통합재정수지를 크게 개선했고, 이것이 물가안정에 기여했다.*

이후 1990년대에 재정 기능을 정상화하는 과정에서도 세입 내 세출 원칙을 견지해서 1997년 외환위기 직전에 국가채무의 GDP 대비 비율은 11.4%에 불과했다. 외환위기를 극복하는 과정에서 국가채무가 상당 폭 증가하기는 했으나 2007년의 국가채무 비율은 27.5%로 상대적으로는 여전히 낮은 수준이었다.

그런데 국가채무 비율이 상대적으로는 여전히 낮았으나 참여정부 기간에 국가채무가 급증했고, 당시 야당은 이를 강력하게 비판했었다. 그러나 참여정부 당시 매해의 재정운용 결과를 보여 주는 관리재정수지는 매우 안정적으로 운용되었다. 그토록 비판받았던 참여정부 기간 중 국가채무 급증은 사실이었지만, 이는 통상적인 재정운용

* 1980년대 긴축 재정정책에 대해서는 황성현(2015), 「한국의 1980년대 긴축 재정정책 연구」, 『예산정책연구』, 제4권 제2호 참조.

의 결과가 아니었다. 이 시기에 외환위기 극복 과정에서 투입된 공적 자금 미회수분을 국채로 전환했고(52.7조 원), 환율 방어를 위한 외환시장 안정용 국채 발행 규모(65조 원)가 컸기 때문에 국가채무가 급증한 것이다.

그런데 공적자금의 국채 전환은 참여정부 이전의 외환위기 극복 과정에서 결정된 사항이고, 외환시장 안정용 국채는 채무에 대한 대응자산(달러)이 있는 금융성 채무였다. 이렇게 잘 알려진 사실에도 불구하고 당시 참여정부는 국가채무를 급증시킨 정부로 비판을 받았었고, 이는 과도한 비판이었다.

우리나라 재정의 건전성이 악화되면서 국가채무가 예전보다 빠르게 늘어나기 시작한 시기는 이명박 정부 이후이다. 2008년 이후 2017년까지 관리재정수지 적자의 GDP 대비 비율이 1% 미만인 해가 한 해도 없었다. 이명박 정부 초기의 재정적자 증가는 글로벌 금융위기에 대응하기 위한 것이었지만, 이후 기조적으로 재정건전성 악화가 나타나기 시작했다.

이명박 정부는 2008년에 대규모 감세정책을 시행했고, 그 결과 조세부담률이 상당 폭 낮아졌다. 박근혜 정부는 소위 '증세 없는 복지 확대' 정책을 통해 이런 정책기조를 이어갔다. 이명박 정부와 박근혜 정부에서 조세 부담 수준을 낮게 유지하면서 보수정권으로서 재정지출 증가율을 대체로 낮게 유지했지만, 고령화의 급속한 진전과 저출산, 양극화의 심화로 어느 정도의 재정지출 증가는 불가피했고,

따라서 재정수지가 악화되었다.

그러한 결과 비록 다른 선진국들에 비하면 건전재정 운용이라 할 수 있지만 이명박 정부와 박근혜 정부 시기에 관리재정수지 적자 폭은 이전보다 상당히 커졌고, 국가채무도 이전보다 빠르게 증가했다. 2017년에 국가채무의 GDP 대비 비율은 36.0%까지 높아졌다. 2007년 이후 10년간 국가채무 비율이 8.5%p 증가했다.

최근 우리나라 재정건전성의 급격한 악화와 국가채무 급증은 문재인 정부의 재정운용에서 비롯되었다. 문재인 정부는 증세를 위한 정책 노력은 부진한 상황에서 일부 코로나 대응 요인도 있었지만, 상당히 급격한 재정지출 증가를 통해 이전에 경험하지 못한 수준의 재정수지 적자를 시현했다. 문재인 정부가 예산을 편성한 첫해인 2018년에는 관리재정수지 적자의 GDP 대비 비율이 0.6%로 양호했다. 그러나 예산을 편성한 두 번째 해부터 다섯 번째 해까지, 즉 2019년부터 2022년까지 이 비율은 각각 2.8%, 5.8%, 4.4%, 5.4%였다.

우리는 이런 수준의 재정적자 비율을 외환위기나 글로벌 금융위기 때의 한두 해를 제외하고 경험한 적이 없었다. 그 결과 국가채무의 GDP 대비 비율은 2017년에 36.0%에서 2022년에 49.4%로 5년간 13.4%p나 급격히 높아졌다. 많은 언론에서 보도하고 알려진 대로 문재인 정부 5년간 국가채무는 400조 원 넘게 증가했다.

재정건전성을 유지해야 하는 이유

문재인 정부 초기에 정부·여당에서 많이 거론한 정책기조는 소위 '적극적 재정운용'이었다. 오랫동안 큰정부를 주장해 온 저자 입장에서 처음에는 이를 당연한 정책기조로 받아들였다. 그런데 이 '적극적 재정운용'은 점점 대규모 재정적자를 감수하고라도 재정지출을 크게 늘려야 한다는 기조로 나타나기 시작했고, 저자는 결코 이런 정책에 동의할 수 없었다. 문재인 정부 이후 나타난 새로운 논쟁의 전선은 보수는 '건전재정을 지키는 것'이고, 진보는 '건전재정이 필요치 않다고 하는 것'으로 나타났는데, 저자는 이런 논쟁의 구도 자체가 잘못된 것이라고 생각한다.

일반적으로 보수진영은 작고 효율적인 정부를 주장하고, 진보진영은 크고 더 많은 역할을 하는 정부를 주장한다. 재정지출을 하기 위해서는 재원(세금)이 필요하고 국채 발행으로 빌려오는 재원은 정상적인 재원과 구분된다. 세상에 공짜 점심이 없다면 빌려온 돈은 언젠가 갚아야 하는 미래세대의 부담이다.

어느 정치인의 말처럼 '국가부채는 그저 회계장부상의 수치이고 계속 미래로 이연하면서 갚을 필요가 없는 돈'이라면, 만일 그 말이 맞다면 차라리 세금을 없애자고 주장해야 한다. 세상에 조세가 가져오는 자원배분의 왜곡 효과를 부정하는 사람 없고, 세금 내는 것 좋아할 사람도 없으니 말이다. 세금을 아예 없애고, 그냥 계속 빌리면

될 일이니 말이다.

작은정부를 하려면 작은정부 규모에 맞는 재원이 필요하고, 큰 정부를 하려면 큰정부에 맞는 재원이 필요한 것이다. 매해 예산을 균형에 맞출 필요는 없으나, 세대 간 공평한 부담과 경기 상황 등에 따라 어느 정도 규모의 국채를 탄력적으로 활용할 수 있지만, 기본적으로 보수진영은 감세를 주장하고 진보진영은 증세를 주장하는 것이 너무도 당연한 것이다. 재정이 거시경제 운용의 안정성을 해치지 않고 지속가능하기 위해서는 재정지출 규모에 맞는 조세수입 대책이 반드시 필요한 것이다.

보수든 진보든 적어도 중장기적인 시각에서의 건전재정기조 유지를 반대할 명분은 없다. 그런데 문재인 정부 일각에서는 건전재정기조의 유지를 보수주의나 관료주의적 산물로 여긴 것으로 보인다. 정권 차원의 어떤 정책 추진을 기재부가 재원 부담 문제로 반대하면, '이 나라가 기재부의 나라냐?'는 질책이 여권 내에서 터져 나오는, 이전에는 볼 수 없었던 장면들을 종종 볼 수 있기도 했다. 이는 잘못된 것이다.

또 한 가지 지적할 만한 사례로, 문재인 정부 말기에 정부의 재정 관련 보도자료의 주요 재정지표를 담은 표에서 관리재정수지 통계가 사라지는 일이 발생했다. 2002년에 정부가 관리재정수지 지표를 도입한 이래 이런 일은 한번도 없었고, 윤석열 정부 들어서서 이는 바로 시정되었다. 앞에서 설명한 대로, 그간 관리재정수지는 국민연금의 대규모 흑자라는 우리의 특이한 상황을 통제하여 재정건전성을 제대로 파악하기 위한 중심지표로 사용되어 왔고, 늘 통합재정수지와 관리재정수지를 병기해서 지표들을 발표해 왔는데, 어느 순간부터 갑자기 발표하지 않은 것이다.

아마도 형식적인 '국제 기준'을 내세워 크게 늘어난 재정적자를 조금이라도 줄여서 국민께 보이고 싶었던 것으로 보이는데, 그런다고 GDP의 2%에 달하는, 일반적인 재원으로 사용하지 못하고 따로 투자금으로 운용해야 하는 국민연금 여유자금의 문제가 숨겨지는 것도 아니고 달라지는 것도 아니다. 발표한 통합재정수지 적자에 GDP의 2% 정도를 더하면 관리재정수지를 개략적으로 구할 수 있는데, 이런 식으로 발표하는 것은 정부의 치졸한 행태라는 생각이 들었다.

필요한 공공재, 가치재, 공공서비스를 제대로 공급하고 소득재분배 기능을 강화하는 재정 본연의 기능을 강화하기 위해 재정지출을 확대하는 과정에서 재정건전성은 지켜야 한다는 것이 저자의 확고한 판단이다. 소규모 개방경제에서 고령화와 통일 등에 대비하고, 외부충격에 대한 안전판을 강화하기 위해 재정건전성은 유지되어야 한다. 재정건전성을 훼손하는 것 자체가 경제를 망가뜨리는 일이다.

그간 우리가 재정건전성을 지켜 온 것이 경제 운용의 중요한 장점으로 작용해 왔고, 재정건전성은 거시경제 안정의 근간이었다. 재정건전성은 국가신용도를 유지·개선하기 위해서도 중요하다. 우리가 일본보다 국가신용도가 높은 것은 재정이 건전하기 때문이다. 외환위기, 글로벌 금융위기를 극복하는 데 재정이 적극적 역할을 할 수 있었던 기반은 재정건전성이었다.

지출 혜택의 세대 간 공평한 부담 면에서도 과도한 재정적자의 사용을 지양해야 한다. 복지혜택은 현세대가 누리고 그 부담은 미래세대가 부담한다면 이는 매우 불공평한 것이다. 국가채무를 탄력적으로 사용할 수 있으나, 이의 급격한 누증 문제와 그 부작용(이자율 상승, 인플레이션, 국가신용도 하락, 자본유출 등)에 보다 주의를 기울여야 한다.

무엇보다 우리가 직면한 문제들은 저출산, 고령화, 양극화 등 구조적 문제로, 재정건전성이 유지되어야 이러한 문제들에 대처하는 '지속적인 재정 기능의 작동'이 가능하다. 육상 경기로 치면, 우리가 하는 경기는 100m 달리기가 아니라 마라톤이다. 지금 힘이 있다고 빨리 달리면 뒤에 가서는 제대로 달릴 수 없다. 재정이 건전해야 저출산, 고령화, 양극화에 대한 재정의 지속적인 대응이 가능하다.

국가부채 규모의 올바른 상대평가

흔히 재정건전성 유지가 현 단계에서 그리 중요치 않다는 주장의 가장 중요한 논거는 우리 국가부채 비율이 OECD 평균보다 상당히 낮고, 실제로 절반 수준도 안 된다는 것이다. 우리 국가부채 비율이 상대적으로 낮은 것은 사실이나, 최근 국가부채가 너무 빠른 속도로 증가하고 있는 것이 문제이고, 무엇보다 국가부채 지표와 재정건전성의 상대평가에 대한 올바른 인식이 필요하다.

지금까지 언급한 국가채무는 D1 지표로 중앙정부와 지방정부의 직접 채무(debt)의 순계이다. 국제비교 지표는 중앙정부, 지방정부, 비영리공공기관을 포함하는 일반정부 부채(liability)인 D2 지표이다. 이 기준에 따른 우리나라 국가부채 비율은 2022년에 53.5%이다(D1은 49.4%). 이 D2 기준으로 2021년 OECD 국가부채 비율의 평균은 90.4%이다. 흔히 OECD 국가부채 비율의 평균이 110~120% 수준인 것으로 알려져 있는데 이는 일종의 가중평균으로, 단순 산술평균을 구하면 최근 수년간 80~90% 수준이었다.• 이미 우리 부채비율이 OECD 평균의 절반 수준을 넘어섰다.

그런데 우리나라의 D1과 D2 비율의 차이는 약 4~5%p로 낮게 나타나는데, 이는 국민연금이 보유한 국공채 규모가 내부거래로 일반정부 부채 산정에서 제외되기 때문이다. 이를 좀 더 설명하면 국가부채란 정부가 정부 밖의 민간에게 지는 빚을 이야기하는데, D2를 계산할 때는 국민연금공단이 일반정부에 속하는 비영리공공기관이므로, 국민연금이 보유한 국공채는 정부 밖이 아닌 내부의 여유자금을 사용하여 발행한 것이 되어 정부 밖으로부터 진 빚에서 제외하는 것이다. 말하자면 정부의 왼쪽 주머니에서 빌려 오른쪽 주머니에서

• 한국재정정보원(2023), 『2023 주요 재정통계』 참조.

사용한 것이기 때문에 외부에서 빌려온 빚이 아닌 것으로 계산하는 것이다. 정부가 정확한 수치를 밝히지 않고 있지만, 이 규모는 GDP의 약 7% 수준으로 '추산'된다.

이를 모두 감안하여 2024년의 실질적인 국가부채의 GDP 대비 비율을 계산해 보자. 먼저 2024년 국가채무(D1)의 GDP 대비 비율의 전망치는 51.0%이다. 이를 D2로 환산하면 55.5%가 된다(+4.5%p). 여기에 국민연금 보유로 인한 제외분을 감안하면 62.5%(+7%p)가 된다. 2024년 국가부채 비율의 OECD 평균과의 비교는 흔히 이야기되는 '50 vs 120'이 아니라, '63 vs 90'이 된다. 더욱이 기축통화국을 제외한 선진국 평균 수치는 90보다 크게 낮아진다. 그리고 향후 국민연금 지출이 빠르게 늘어나 국민연금 보유 국공채가 급격히 줄어들면 실제 D2 규모는 급격히 늘어난다.

이렇듯 우리나라 국가부채는 최근에 빠르게 늘어났고, 이미 그렇게 안심할만한 수준이 아닌 것으로 보아야 한다. 국가부채 규모의 상대평가를 제대로 해야 한다. 저출산, 고령화, 양극화를 극복하고 성장잠재력을 높이기 위한 재정의 기능을 강화하되, 그에 따른 충분한 세입 대책을 마련해서 중장기적으로 재정건전성을 유지하는 것이 반드시 필요하다.

제4장
감세 vs 증세 논쟁: 왜 증세가 필요한가?

조세부담률 지표의 의미

역대 정부의 조세정책과 조세부담률의 추이 변화

왜 증세가 필요한가?

조세부담률 지표의 의미

감세 vs 증세 논쟁에 있어 감세와 증세의 용어 정의부터 명확히 하고자 한다. 감세의 국어사전적 의미는 "세금의 액수를 줄이거나 세율을 낮추는 일"이고, 증세의 의미는 "세금의 액수를 늘리거나 세율을 높이는 일"이다. 그런데 세금의 액수를 줄이거나 늘리는 것은 재정지출 수요와 비교해서 파악해야 의미가 있고, 재정지출 수요를 결정하는 첫 번째 변수는 소득이다. 따라서 소득에 비해 세금의 액수가 줄었는지, 늘었는지를 파악하는 것이 중요하다.

또한 세율 중에서 한 국민경제의 총체적(평균)세율 수준을 나타내는 지표가 '조세부담률'(=조세수입/GDP)이다. 조세수입은 국세와 지방세 수입의 합이고, 조세부담률은 1년의 소득에서 조세수입이 차지하는 비중이다. 조세부담률이 높아진 것은 총체적(평균)세율이 높아진 것을 의미한다. 조세부담률이 높아지면 소득에 비해 세금 징수액이 더 빠르게 늘어난 것이고, 그러면 소득이 증가함에 따라 더 늘어난 재정수요를 충족시킬 수 있다.

이같이 볼 때, 감세와 증세를 의미 있게 구분하는 핵심 지표는 조세부담률이다. 세제개편의 결과 조세부담률이 낮아지면 감세정책이고, 높아지면 증세정책이다. 가끔, 감세를 하면 민간투자와 소비가 살아나서 세금이 더 걷힌다는 이야기를 하고, 증세를 하면 민간경제의 위축으로 오히려 세수가 줄어든다는 이야기를 하는데, 세율을 내리고 올리는 정책이 민간 부문에 그러한 영향을 미칠 수 있다. 여기서 세율 변화, 세율이 소득에 미친 영향, 그리고 소득의 자연변화 등을 모두 반영하여 사후적으로 소득에 비해 세수가 덜 증가하면(조세부담률이 낮아지면) 감세정책, 소득에 비해 세수가 더 증가하면(조세부담률이 높아지면) 증세정책으로 정의할 수 있는 것이다.

이제 조세부담률 지표에 초점을 맞추어 논의를 진행하고자 한다. 국민부담률(=(조세수입+사회보장기여금)/GDP)은 조세수입에 국민연금보험료, 국민건강보험료 등 사회보장기여금을 합해서 GDP 대비 비중을 구한 것으로, 조세부담률보다 광의의 재정수입 지표로 사용할 수 있다. 당연히 조세부담률을 높이면 국민부담률도 높아진다.

역대 정부의 조세정책과 조세부담률의 추이 변화

우리나라 조세부담률은 1970년에 14.3%였고 1979년에는 16.7%까지 높아졌다. 1980년대에 물가안정을 위한 강력한 긴축재정 운용과정에서 재정지출 증가율을 크게 낮추고 세율도 낮추는 정책을 쓴 결과, 1986년의 조세부담률은 15.0%까지 낮아졌다. 이후 1990년대에 16%대 수준을, 2000년대 초반에는 17%대 수준을 보였고, 참여정부 말인 2007년에 18.8%까지 높아졌다.

2008년에 집권한 이명박 정부는 역대 정부 중 가장 강력한 감세정책을 정권의 대표정책으로 추진했다. 2008년의 세제개편안에서 소득세, 법인세 세율을 인하하고 종부세 등을 완화하는 감세정책을 시행했고, 그 세수 효과는 전년 대비 기준으로 연간 −21.3조 원, 누적 규모로 5년간 −100조 원 수준에 달했다.

당시 이명박 정부는 한편으로는 감세를 통해 민간투자와 소비를 활성화해서 세금도 더 걷는 소위 '감세의 선순환'을 이야기하기도 했지만, 이명박 정부 첫해에 발표한 2008~2012 국가재정운용계획에서 조세부담률을 2012년까지 4년간 1.4%p 낮추는 계획을 발표했다. 이명박 정부 감세정책의 본질은 조세부담률을 4년간 1.4%p 정도 낮추는 것이었다. 고령화 등으로 복지 등 재정수요가 빠르게 늘고 있는 상황에서 조세부담률을 낮추는 거꾸로 가는 정책이었다고 판단한다.

이러한 이명박 정부의 감세정책과 이후 박근혜 정부의 '증세 없는 정책'이 시행된 결과 조세부담률은 2013년에 17.0% 수준까지 낮아졌고, 참여정부 말의 수준을 회복한 것은 문재인 정부 첫해인 2017년(18.8%)이었다. 1979년의 조세부담률이 이미 16.7%였는데, 그 34년 후인 2013년의 조세부담률이 17.0%에 불과했던 것이 오랫동안 낮은 세부담으로 재정을 운용한 우리 현실이다. 2007년의 조세부담률 수준을 2017년에 회복한 사실로부터, 조세부담률 수준에 있어 이명박 정부와 박근혜 정부의 기간은 '잃어버린 10년' 정도로 볼 수 있을 것 같다. 이 기간에도 경제는 성장하고 고령화율은 급속히 높아졌으며, 출산율은 계속 하락했다.

문재인 정부의 증세를 위한 정책적 노력은 미약했다. 집권 첫해인

2017년에 전년 대비 기준으로 연간 5.5조 원 규모의 소위 '핀셋 증세' 이후, 2018년에는 연간 −2.5조 원 규모의 감세안을 발표했다. 이는 이명박 정부의 2008년 감세안 이후 10년 만의 감세안이었고, 그 규모는 크지 않았지만 진보정권의 감세라는 점에서, 저자 입장에서 받아들이기 어려운 정책 결정이었다. 2019, 2020, 2021년 세제개편안에서는 모두 세수 중립적인 개편안을 발표했다. 문재인 정부는 2020년 이후 부동산 가격 급등에 대처하기 위해 부동산 관련 세제를 강화했다. 이런 부동산세제의 강화를 제외하면 문재인 정부의 증세를 위한 정책 노력은 미약했고 기대에 미치지 못했다.

이런 정책기조 속에서 2017년 이후 2020년까지 조세부담률은 조금 높아져서 20.0% 수준을 유지했다. 이후 2021년과 2022년에는 조세부담률이 각각 22.0%와 23.8%로, 사상 최고 수준으로 급격히 높아졌다. 이때 조세부담률이 이렇게 급등한 것은 정부의 세제개편 등 정책적 노력의 결과가 아니라, 부동산과 주식 등 자산시장의 활황, 그리고 코로나 이후 기업 실적의 큰 폭의 개선 등에 기인한 것으로, 정부도 예상하지 못한 정도의 초과세수가 대규모로 발생한 결과였다.

이후 2023년에 국세수입 실적이 2022년 대비 51.9조 원이나 감소한 것은 부동산시장 등의 거품이 꺼지고 기업 실적이 다시 나빠진 결과로, 2022년의 23.8%라는 조세부담률이 '일시적'으로 높아진 결과라는 것을 보여 준다. 지방세 실적이 아직 발표되지 않았으나, 국세와 연계한 지방세 세수의 감소, 그리고 부동산 경기 하락으로 취득세 등의 세수가 줄어든 것을 감안하면 2023년의 조세부담률은 약 21% 수준으로 추산된다. 최근의 우리나라 조세부담률 수준은 2021년의 OECD 평균인 25.2%보다 낮은 21% 수준이다. 우리는 조세부담률을 낮게 유지했고, 과거의 격차는 더 컸다.

왜 증세가 필요한가?

현재 우리가 당면한 경제 및 재정 운용상의 많은 문제들이 '조세정책의 실패'에서 비롯되고 있고, 그 핵심은 우리 조세부담률이 너무 낮은 것이라고 판단한다. OECD 국가와의 조세부담률 격차가 최근 들어 4%p 수준인 것이고, 건국 이래 이 격차는 과거에는 더 큰 폭으로 유지되어 왔다. 사회보장기여금을 포함한 국민부담률도 OECD 평균보다 크게 낮다. 우리 국민부담률은 조세부담률이 크게 오른 2021년에 29.8%로 OECD 평균 34.2%보다 4.4%p 낮다. 과거 격차는 훨씬 더 컸다.

조세부담률이 이렇게 낮은 것은 역대 정부의 증세 노력이 미흡한 가운데, 특히 이명박 정부가 거꾸로 가는 감세정책을 추진했고, 박근혜 정부가 '증세 없는 정책'을 고집했던 것도 중요한 요인이다. 진보정권인 문재인 정부의 증세 노력도 미흡했다.

세금을 걷는 첫 번째 목적은 재정지출의 재원을 조달하는 국고적 목적이다. 이렇게 낮은 세 부담으로 건전재정을 유지하면서 저출산, 고령화, 양극화에 대응하고, 성장잠재력을 높이며, 안보태세를 굳건히 할 수 있는 방법은 없다. 보수진영은 일반적으로 "증세에는 반대하면서 동시에 현재의 복지제도만으로도 급속한 고령화로 인해 복지지출의 GDP 대비 비중이 곧 선진국 수준에 도달한다."라고 이야기하고 있는데, 이 두 가지 입장은 양립할 수 없다. 이러한 모순된 입장의 결과는 자명하다. 돈이 없어서 복지지출을 못하거나, 또는 재정적자와 국가채무가 크게 늘어나는 것이다. 선진국들은 우리보다 훨씬 높은 부담을 하면서도 높은 국가부채 문제에 시달리고 있다.

흔히 증세에 반대하면서, 낭비적 지출을 줄이는 지출구조조정을 제대로 하면 증세 없이 필요한 재원을 마련할 수 있다는 주장을 많이 하고 있다. '증세 없는 복지'의 주된 논거이기도 하다. 물론 낭비적 지출을 줄이는 것은 매우 중요하고 꼭 필요한 일이다. 재정의 낭비를 줄이는 지출구조조정과 재정개혁 없이 국민에게 증세를 요구할 수 없다. 이 주제는 뒤에 8장에서 다룰 것이다.

사실 역대 정부는 지출구조조정을 위해 노력해 왔고, 앞으로도 더욱 이 노력을 강화해야 한다. 그런데 불필요한 지출을 줄이는 지출구조조정은 새로운 여건 변화와 문제에 대처하는 새로운 사업의 재원조달 방안으로 뚜렷한 한계를 갖는다는 점도 인정해야 한다.

낭비적 지출도 있으나, 기존의 사업 중에도 재원 부족으로 제대로 하지 못하는 사업들도 많다. 돈만 있으면 할 수 있고 해야 하는

'아름다운' 일들도 주변에 정말 많이 있다. 예를 들어, 급식단가 등 낮은 공공단가, 결식아동, 빈곤층, 장애인 등에 대한 지원 부족, 소방 등의 인력·장비 부족, '돈이 없어 오래 걸리는' SOC 사업 등 돈이 없어서 제대로 하지 못하는 기존의 수많은 사업들에도 주의를 기울여야 한다. 낭비를 줄여 그런 사업들에 투입해야 한다.

한쪽 지출을 줄이고 다른 쪽 지출을 늘리는 지출구조조정을 통해 현재의 재정규모를 유지하면서 새롭게 당면한 문제들에 대처하는 방법은 없다. 이런 방법만으로 가능했다면, 다른 모든 선진국들도 작은 재정규모와 낮은 세 부담으로 재정을 건전하게 유지하면서 재정의 역할을 수행하는 방법을 택했을 것이다. 고령화만으로도 큰정부는 불가피하다.

이제 조세정책 기조를 조세부담률을 높이는 증세 기조로 전환해야 한다. 지금까지 우리 재정운용의 과정과 다른 선진국들의 경험에 비추어 조세부담률(국민부담률) 제고만이 재정건전성을 유지하면서 재정 기능을 정상화하는 유일한 해법이라고 판단한다. 그러나 이 명확하고 당연한 방안을 역대 정권들은 인정하지 않았고, 여전히 이에 대한 사회적 합의나 정치권의 추진 필요성에 대한 인식과 의지는 미약하다. 정치권은 늘 증세에는 신중해야 한다고 하고, 증세는 최후의 수단(지금 사용하지 않는)이라고 이야기해 왔다. 여야를 막론하고 이제는 진정으로 '증세 없는 복지'의 허상에서 벗어날 때도 되었다.

조세부담률을 높이지 않으면 재원 부족으로 당면한 문제는 더 심각해지고 경제·재정 상황과 국민 삶의 질은 더욱 나빠지게 될 것이다. 상대적으로 여전히 낮은 조세부담률·국민부담률 제고 없이 재정적자를 늘려 복지 등 재정 확대를 하자는 것은 '저부담, 고복지'를 하겠다는 것으로, 원칙 없는 정책이다. 진보진영에서 큰정부를 하겠다면서 증세를 주저하는 것은 일종의 포퓰리즘으로 볼 수 있다.

경기 대응 차원에서 국가채무를 일부 전략적으로 사용하더라도 우리는 증세를 위한 정책 노력에 최선을 다해야 한다. 흔히 증세가 경기에 미치는 악영향을 걱정하는데, 증세를 통한 재정 확대도 단기적으로 확장적 정책이다. 거시경제학 교과서에서는 '균형재정승수=1'이라는 명제를 가르치는데, 이는 단기적으로 세금과 재정지출이 동시에 1원씩 증가할 때 소득도 1원 증가한다는 간단한 사실을 보여준다.

보수와 진보진영을 망라하고 우선 중기적 시계에서 조세부담률·국민부담률을 OECD 평균 수준으로 제고하는 정책을 시급히 추진해야 한다. 장기적으로는 조세부담률이 OECD 평균을 상회하는 것이 불가피할 것이다. 증세를 추진하는 과정에서 새로운 경제·사회 환경에 맞는 정부 기능의 재정립과 정부조직 개편 및 재정개혁을 추진해야 한다.

재정지출의 효율성 제고를 위한 종합적인 재정관리체계 개편안을 제시하여 재정에 대한 국민의 신뢰를 높여야 한다. 8장에서는 일반정부 중심의 재정운용체계를 조속히 확립하고, 중앙재정·지방재정·지방교육재정에 대한 관리체계를 일원화하며, 재정사업에 대한 사전·사후 평가를 강화하고 이를 전담하는 관리부처를 신설하는 등의 재정개혁 방안을 제시하고 있다.

현 단계에서 '중부담, 중복지'를 추구하는 증세의 필요성을 국민에게 솔직히 설명하고, 국민적 동의를 얻어야 한다. 증세를 이제 더 이상 미룰 수 없다. 6장에서는 조세부담률 제고를 위한 구체적 세제 개편 방안들을 제시하고 있다.

제5장
한국경제의 진단과 조세·재정정책 방향

재정 기능의 정상화

불평등 축소를 통한 성장

증세와 큰정부의 불가피성

재정 기능의 정상화

'재정 기능의 정상화'를 이야기하기 위해 우선 재정의 기능에 대한 교과서적인 설명부터 살펴보기로 한다. 재정학 교과서는 재정의 3대 기능을 ① 효율적 자원배분 기능, ② 공평한 소득분배 기능, ③ 경제 안정화 기능 등 세 가지로 정의한다.

효율적 자원배분 기능은 시장이 공공재(국방, 치안 등)나 가치재(교육, 의료, 주택 등) 등을 제대로 공급하지 못해서 시장실패가 발생하고, 이를 극복해서 효율적 자원배분을 이루는 재정의 기능이다. 공평한 소득분배 기능은 시장에 의한 자원배분은 기본적으로 공평성을 보장하지 않으므로, 소득재분배를 통해 공평성을 제고하는 재정의 기능을 말한다. 경제 안정화 기능은 재정지출 규모나 시기, 재원조달 방법 등의 조정을 통해 경기변동의 진폭을 줄이는 재정의 기능이다. 이런 세 가지 재정의 기능만 이해하고 있어도, 어떤 재정지출이 재정의 역할 범주에 속한 것인지 여부를 판단할 수 있다.

지금까지 '재정 본연의 기능'이라는 표현을 썼는데, 저자는 재정의 3대 기능 중 '재정 본연의 기능'이라고 할 수 있는 것은 효율적 자원배분 기능과 공평한 소득분배 기능이라고 보고 있다. 재정의 세 번째 기능으로서 경제 안정화 기능은 기본적으로 앞의 두 가지 기능을 수행하면서 경기 상황에 따라 조세·재정정책 수단의 규모나 시기 등을 일부 조정하는 수준의 기능이라고 본다. 경기가 나쁠 때 적자재정을 통해 효율적 자원배분이나 공평한 소득분배를 위한 지출을 좀 더 늘리는 등의 정책을 통해 경기 안정화를 꾀하는 기능이다.

그런데 재정은 그 존재만으로도 자동안정화 장치(built - in - stabilizer)의 작동을 통해 경기변동의 진폭을 줄인다. 예를 들어, 경기가 좋을 때 자동적으로 세수가 늘어나고, 이는 민간의 소비·투자 여력을 감소시켜서 경제 안정화에 도움을 준다. 그 이상의 미세조정(fine tuning)은 재정정책의 시차효과 등으로 인해 제대로 작동하기 어려운 경우가 많고, 경제 안정화에 효과적이지 못한 경우도 많다. 조세·재정정책은 입안 후 시행하는데 수개월에서 1년 넘게 걸리는 경우가 많기 때문이다. 재정의 경제 안정화 기능을 강화하는 좋은 방법은 증세를 통해 재정의 규모 자체를 늘려서 재정의 자동안정화 장치를 강화하는 것이다.

흔히 재정의 역할이라고 하면, 경기가 나쁠 때 돈을 좀 더 많이 쓰고 경기가 좋을 때는 덜 쓰는 거시경제정책의 일환으로 보는 경향이 있는데, 이보다 훨씬 본질적인 재정의 기능은 시장이 제대로 공급하지 못하는 재화나 서비스를 공급해서 효율적인 자원배분을 이루고, 소득재분배를 통해 시장이 보장하지 못하는 공평성을 높이는 기능이다. 이 책에서 이야기하는 재정 기능의 정상화는 이러한 본질적인 두 가지 기능의 정상화를 말하고, 이 두 가지 기능을 '재정 본연의 기능'이라고 칭하고 있다.

이제 우리 경제의 발전 과정부터 살펴보자. 우리는 1960년대 이래 개발연대의 정부주도형 성장전략으로 경제성장 면에서 그 어느 나라도 이루지 못한 눈부신 성과를 이루었다. 1962년에 제1차 경제개발 5개년계획이 시행된 이래 '정부 주도의 대외지향적 공업화 전략'을 강력히 추진했고, 1970년대의 '중화학 공업 육성', 1980년대의 '경제 안정화' 등을 성공적으로 추진했다.* 1997년 말에 맞은 외환위기는 이러한 개발연대의 한 주기가 마무리되는 과정으로 평가할 수 있으리라 생각한다. 외환위기 극복 이후 2000년대 들어 우리는 저출산, 고령화, 양극화라는 인구·사회 문제와 성장잠재력 저하라는 새로운 구조적 문제에 직면하고 있다.

개발연대 이래 정부 주도의 불균형 성장전략을 통한 고도성장 과정에서 여러 가지 불평등·불균형과 경제·사회 전반의 구조적 문제들의 폐해가 나타났다는 점도 고도성장의 다른 한 면으로 인정해야 한다. 이를 극복하지 못하면 더 이상의 성장도 불가능하다고 본다. 고도성장의 이면에서, 불균형 성장전략, 정경유착과 관치금융, 부동산 투기, 정상적 노조 활동의 탄압, 1993년에야 도입한 금융실명제, 제 역할을 하지 못한 조세·재정 기능 등의 폐해를 제대로 인식해야 한다. 이런 문제들을 바로잡는 것이 진정한 구조개혁이다. 특히 그간 한번도 제대로 기능을 하지 못한 조세·재정 기능에 주목해야 한다.

올바른 정책방향을 설정하는 일은 우리 경제개발의 역사와 발전

* 우리나라 경제개발 과정에 대한 평가는 차동세·김광석 편(1995), 『한국경제 반세기: 역사적 평가와 21세기 비전』, 한국개발연구원 참조.

단계에 대한 객관적 인식과 평가에 기초해야 한다. 우리 경제체제에서 지금까지의 '시장'과 '정부(재정)' 간의 불균형을 시정해서 시장실패를 보완하고 소득을 재분배하는 재정 기능을 정상화해야 한다. 앞에서 살펴본 바와 같이 우리는 공공재, 가치재, 공공서비스를 공급하고 소득을 재분배하는 재정 기능 면에서 늘 '작은정부'를 운용해 왔다.

개발연대에 정부 주도로 개발전략을 추진하고 금융 등 민간 부문에 대해 정부가 과도하게 개입한 것은 당연히 없어지고 축소되어야 하나, 재정 본연의 기능은 강화되어야 한다. 경제 운용의 패러다임 전환이란 그간 우리가 잘 못한 부문을 활성화하는 것이다. 이제 더 이상 작동하지 않는 개발연대식 산업지원을 축소하고, 그간 제 역할을 못한 재정 기능을 정상화해서 효율적 자원배분과 공평한 소득분배를 이루어 나가야 한다. 규제 측면에서는, 규제의 비용과 편익을 분석해서 완화할 것과 강화할 것을 제대로 구분할 수 있어야 한다.

우리는 OECD 국가 중 경제는 중상위, 복지와 삶의 질은 꼴찌의 위상을 갖고 있다. 이제 복지와 삶의 질 문제를 더 이상 외면하지 않는 것이 국정 운영의 방점이 되어야 한다. 이를 위해 국민부담과 복지 혜택 면에서 OECD 평균을 지향하는 '중부담, 중복지'의 비전 설정이 요구된다. 현행 복지제도를 유지하더라도 고령화와 연금제도 성숙으로 복지지출의 GDP 대비 비율은 곧 OECD 평균 수준에 도달한다. 이런 상황에서 조세부담률·국민부담률을 OECD 평균 수준으로도 제고하지 못하면, 돈이 없어서 복지지출을 못하거나 재정적자와 국가채무가 급격히 늘어나는 상황이 발생할 것이다.

그런데 증세를 이야기하면 바로 나오는 비판은 증세가 기업에 부담을 주고, 반기업적이라는 것이다. 그래서 보수진영은 늘 증세에 반대해 왔다. 물론 세금이나 사회보험료 인상이 기업 활동에 부담을 주는 것은 사실이다. 그런데 우리 국민부담률은 현재 OECD 국가보다 낮고, 과거에는 더 낮았다. 즉, 다른 선진국의 부담보다 우리 부담이 낮다. 이를 비슷한 수준으로 올리는 것이 그렇게 부담을 주는 것인지 모르겠다.

늘어난 세수로 재정지출을 확대해서 재정건전성을 유지하면서 저출산, 고령화, 양극화 등의 문제를 해결해 나가고, 우리 경제의 성장 잠재력을 높이고, 사회안전망을 제대로 갖추는 것이 기업 하기 좋은 환경을 만드는 것이다. 사회안전망을 제대로 갖출 때 노동시장의 유연성 제고도 가능해진다. 재정건전성이 나빠지고 국가신용도가 하락하면 기업의 차입 부담이 커지는 등 기업 경영에도 악영향을 미친다. 증세를 통한 재정 기능의 정상화는 우리가 당면한 문제들을 해결하면서 기업 하기 좋은 환경을 만들 것이다.

불평등 축소를 통한 성장

1980년대 이후 신자유주의적 정책 추진과 세계화 추세 속에서 선진 각국의 불평등 문제가 심화되어 왔다. 최근까지도 개발연대의 폐해를 극복하는 구조개혁이 미진하고 조세·재정 기능이 미약한 상황에서, 1997년 외환위기 이후 ICT, AI 등 첨단기술의 비약적 발전은 우리나라에도 불평등 문제를 심화시켰다. 이에 대한 역대 정부의 대응은 미숙했고, 역대 정부의 감세, 작은정부, 규제 완화, 산업지원 등의 정책은 우리가 당면한 근본적 문제들을 외면한 정책기조였다고 평가한다.

다양한 차원의 '불평등 문제'는 이제 감내할 만한 수준을 넘어서고 있는 것으로 보인다. 우리 경제가 더 성장하기 위해서도 '불평등을 축소'하고 '기울어진 운동장을 평평하게 만드는 일'이 최우선적으로 요구된다. 최근 Stiglitz(2012), Piketty(2014), Atkinson(2015) 등을 통해 '불평등' 문제가 세계적으로 주목받고 있다.[•] 우리의 불평등 문제는 소득·자산 차원뿐 아니라 대기업과 중소기업, 정규직과 비정규직, 남녀 간, 세대 간, 수도권과 지방 등 지역 간, 결혼·출산·보육·교육 기회, 의료 혜택 등 다양한 영역에서 발생하고 있다.

일반적으로 효율성과 형평성 간에는 상충관계가 존재한다. 많은 경우 그러한 관계가 나타나는 것은 사실이지만, 지금처럼 불평등의 폐해가 크게 발생하고 이를 시정하기 위한 정책 노력이 오랫동안 미

• J. E. Stiglitz(2012), *The Price of Inequality*, W. W. Norton & Company; T. Piketty(2014), *Capital in the Twenty-First Century*, Harvard University Press; A. B. Atkinson(2015), *Inequality: what can be done?*, Harvard University Press 참조.

진한 상황에서는 불평등을 개선하는 정책이 경제의 효율성을 높이고 성장에도 기여할 수 있다. 우리는 그런 정책들에 더욱 주의를 기울여야 한다.

불평등을 축소하는 정책들은 공평성을 제고할 뿐 아니라 다음과 같은 경로를 통해 경제의 효율성을 높이고 성장을 촉진할 수 있다. 소득분배를 개선하면 저소득층의 한계소비성향이 높은 상황에서 내수가 확대되고, 저소득계층의 가계부채 문제 등을 완화할 수 있다. 소득분배 개선은 사회통합을 이루고 갈등비용을 축소하며, 이를 통한 경제 활력 제고로 경제성장에도 기여할 것이다.

공교육 정상화는 가장 중요한 기회의 평등으로서 교육 기회의 공평성을 높인다. 이를 통해 인적자본을 확충하고, 계층 이동의 역동성을 제고하는 정책이 가장 본질적인 성장정책이다. 우리는 개천에서 더 많은 용이 나올 수 있는 사회로 나아가야 한다.

복지지출 확대는 일반적으로 공평성을 높이는 정책이다. 복지 확충을 통해 사회안전망을 강화할 때, 근로자들은 외부적 충격에 대비할 수 있다. 경제의 효율을 높이는 노동시장의 유연성 제고는 사회안전망이 강화될 때 비로소 이루어질 수 있다. 보육·교육 투자 확대는 출산율 제고를 위한 기본적인 투자이고, 좋은 보육시설이 충분히 공급되고 공교육의 질을 높여 사교육 부담을 완화할 때 선진국에 비해 여전히 낮은 여성경제활동참가율을 높일 수 있다. 인구의 반인 여성의 경제 활동 참가를 늘리는 것이 제1의 성장전략이다. 이런 투자는 인적자본을 양적·질적으로 확충하는 투자이다. 의료의 질을 높이고 혜택을 확충하는 정책은 건강 문제로 발생하는 사회적 비용을 축소하고, 건강한 근로자의 공급을 늘릴 것이다.

남녀평등을 개선하는 정책은 여성 인력의 활용도 제고를 통해 성장에 기여한다. 대기업과 중소기업의 관계를 정상화하는 공정거래정책은 시장 전반의 공정거래질서를 확립하여 시장의 효율성을 높이고, 이를 통해 일자리의 큰 부분을 담당하는 중소기업의 일자리 창출에 기여할 것이다. 수도권과 지방 등 지역 간 불균형을 축소하는 정책은 좁은 국토를 효율적으로 활용하게 하고, 수도권 집중에 따른 고비용과 비효율을 축소한다. 수도권 집중을 완화하고 지방을 발전시키는 정책은 출산율을 높이는 핵심적인 정책이 될 것이다.

이렇게 볼 때, 재정지출 확대를 통해 재정 기능을 정상화하는 것은 지금껏 제대로 못했던 기능을 확충하면서, 많은 경우에 불평등을 축소하는 구체적 정책 수단을 작동시킨다는 면에서도 그 정당성과 중요성을 찾을 수 있다. 우리가 당면한 문제를 극복하고 더 성장하기 위해서는 복지·교육 등 사회 분야의 재정지출을 늘려서 불평등을 축소함으로써 경제의 효율성을 높이고 성장을 촉진할 수 있는 경로를 찾아 나가야 한다. 재정지출 확대를 통해 출산율과 여성경제활동참가율을 높이고, 고령화 속도를 늦추고, 더 많은 인재를 키우고, 사람을 더 건강하게 하고, 치매 환자 등에 대한 가족 간병의 부담을 줄여서 경제 활동을 더 하게 하고, 보육·의료·요양·간병·안전 등의 공공서비스를 확대하면서 그 생산성을 높이고, 지방을 더 발전시켜야 한다. 공공서비스 확대는 이 부문에서 많은 양질의 일자리도 창출할 것이다.

증세와 큰정부의 불가피성

한편, 미세먼지 등 환경 문제에 대처하는 것도 삶의 질 개선뿐 아니라 소비·생산 활동을 촉진하는 중요한 성장전략이다. 환경 문제 해결이 지속가능한 성장의 전제조건이다. 정책적 타당성을 갖춘 R&D와 SOC 투자 확대를 통한 공급능력 확충과 생산성 제고가 성장에 기여할 것이다.

그리고 우리의 지정학적 여건상 굳건한 안보태세를 확립하기 위한 국방투자는 확대되어야 하며, 이 역시 국민 세 부담의 증가가 있어야 가능하다. 조세부담률을 올렸던 참여정부는 복지지출을 빠르게 증가시키면서 국방비 증가율도 연평균 8.9%로 이명박 정부(5.2%), 박근혜 정부(4.1%)보다 높게 책정했다. 한미동맹 등 안보를 위한 국제공조 강화도 당연히 중요하나, 우리는 자주국방을 지향해야 한다. 전시작전권 환수 문제도 결국 우리의 준비 문제이고, 그 핵심에는 돈의 문제가 있다.

지금까지 논의한 바와 같이, 증세정책으로 조세부담률을 점진적으로 제고하는 정책 없이 경제를 살리고, 재정건전성을 회복하여 유지하며, 현재 당면한 많은 문제들을 극복하여 국민 삶의 질을 제고할 수 있는 방법은 없다고 판단한다. 재정규모 면에서 늘 작은정부를 운용해 왔던 우리 입장에서, 시장실패를 극복하고, 불평등을 축소하고 분배를 개선하며, 사회복지체계와 사회안전망을 제대로 갖추기 위한 재정 확대는 당연히 채택해야 할 국가전략이다. 우리 재정 운용의 역사와 현주소를 무시하고, 그것이 초래한 문제들을 도외시하고, 재정지출 증가율을 높여 큰정부를 지향하면 일각에서 바로 재정 중독, 국가사회주의 등으로 비판하는 것은 잘못된 것이다.

전술한 바와 같이, 증세정책으로 확보된 재원은 혼인율·출산율·여성경제활동참가율 제고와 고령화 대비 및 취약계층 지원과 분배 개선을 위한 복지지출 확대 이외에, 교육의 질을 제고하고 굳건한 자주국방 태세를 확립하는 교육·국방 투자 확대, 지방을 더 살 만한 곳으로 발전시키는 지원 확대, 그리고 공공서비스 개선과 필요한 공공일자리 확대를 위해 우선적으로 사용해야 한다.

이들 분야의 지출 확대를 중심으로 총지출 증가율을 경상성장률보다 최소 3~4%p 정도 높은 수준으로 운용해야 한다. 건전재정 기조를 유지하면서 이런 수준의 총지출 증가를 이루기 위해서는 6장에서 논의하는 세제개편을 통해 조세부담률을 우선 중기적 시계에서 OECD 평균 수준까지는 올려야 한다. 장기적으로는 OECD 평균을 상회하는 조세 부담이 불가피할 것이다.

결국, 제대로 된 증세를 통해 재정건전성을 유지하면서 재정 기능을 정상화하는 것이 경제를 살리는 최선의 정책이라 판단한다. 정부실패에 대한 우려와 비판이 있지만, 우리가 직면한 문제는 시장에서 해결하지 못하는 문제이고, 지금까지 시장에게만 맡겨 왔기 때문에 누적된 문제이다. 정부실패를 두려워해서 주저하는 것은 마치 '구더기 무서워서 장 못 담그는' 우를 범하는 것이다. 비록 '구더기'라는 낭비가 일부 발생해도 본질적으로 시장에서 제대로 공급 못하는 '장'을 제대로 확보해야 문제를 해결할 수 있다.

우리 사회의 기득권 세력일수록 '구더기'만 강조하는 경향이 있다. 재정 낭비가 많이 보이기 때문에 증세에 동의할 수 없다는 것인데, 재정 낭비가 전혀 없는 세상은 그 어디에서도 찾을 수 없고, 우리가 재정개혁을 아무리 강력히 추진해도 재정 누수를 완전히 막을 수는 없다. 자기 돈이 아니기 때문에 초래되는 공공부문의 비효율 문제는 우리만의 문제가 아니며, 우리는 보다 나은 재정관리체계를 만들어 비효율을 줄여 나가고 있고, 앞으로도 그렇게 해야 한다. 정부실패의 가능성을 줄이면서 시장실패를 극복해 나가야 한다. 그것이 비록 전부는 아니지만, 큰정부를 운용해 온 선진국의 성공사례이다. 우리는 후발국으로서 사회복지체계와 재원조달 방식 및 재정관리체계의 설계에서 보다 나은 시스템을 구축할 수 있을 것이다.

제6장
증세를 위한 세제개편 방안

1. 소득세제의 강화 방안
2. 법인세제의 개편방안
3. 방위세제의 재도입 검토
4. 담배, 경유 등에 대한 과세 강화
   - 담뱃값 인상 방안
   - 교통세제의 강화 방안
5. 부동산 및 금융소득 등에 대한 과세 강화
   - 부동산세제의 개선방안
   - 금융투자소득세 폐지 비판
   - 금융소득종합과세 기준 인하
6. 상속세 및 부가가치세 개편에 대한 논의
   - 상속세제 개편에 대한 논의
   - 부가가치세제 개편에 대한 논의

앞에서 살펴본 바와 같이 우리나라 조세부담률은 1970년에 14.3%에서 2007년에 18.8%에 이르기까지 점차 높아져 왔다. 이후 이명박 정부와 박근혜 정부를 거치며 낮아졌다가 문재인 정부 기간 중 이전 수준을 회복하고, 문재인 정부의 세제개편과는 별 상관없이 부동산 가격 급등과 코로나 이후 기업 실적 개선으로 조세부담률이 일시적으로 높아졌다. 이후 2023년에 세수가 크게 감소해서 최근의 조세부담률이 21% 수준으로 추정된다.

이명박 정부의 감세정책과 박근혜 정부의 증세 없는 정책 이후 집권한 진보정권인 문재인 정부 초기의 세제개편안은 많은 관심을 받았었다. 문재인 정부는 집권 초 초고소득층·초대기업에 대한 증세를 골자로 하는 2017년 세법개정안을 발표했다. 소득세 최고세율을 조정해서 과표 5억 원 초과 구간에 대한 세율을 42%로 인상하고, 과표 3억~5억 원 구간에 대해서 40%의 세율을 적용하는 방안이다. 그리고 법인세 과표 2,000억 원 초과 구간을 신설해서 세율을 22%에서 25%로 인상하는 방안이다. 그밖에 고용증대세제 신설, 대주주의 주식 양도소득에 대한 과세 확대, 상속·증여세 신고세액공제 축소 등을 담고 있다.

이러한 세법개정의 세수 효과는 전년 대비 기준으로 연간 5.5조 원이고, 5년간 누적 규모는 23.6조 원이다. 2017년 세법개정안은 일단 '능력 있는 주체'에 대한 증세를 통해 그간의 '감세정책', '증세 없는 정책' 기조를 바꿔서 증세 논의의 물꼬를 텄다는 측면에서 중요한 의의를 가진다.

그러나 이 정도 수준의 증세는 '중부담, 중복지'의 비전을 실현하고, 당면한 과제 해결을 위한 재정 기능을 확충해 나가기에 크게 부족한 수준이었다. 연간 세수 증가분 5.5조 원은 GDP의 0.3%에 미치지 못하는 수준으로, 그 정도의 조세부담률 제고 효과만을 가진다. 이 정도의 추가 세수로는 문재인 정부의 국정과제 수행을 위한 재원조달에 한계가 있을 수밖에 없었다. 실제로 문재인 정부는 전술한 바와 같이 큰 폭의 재정적자와 국가채무 증가를 통해 재정지출을 크게 늘리는 정책을 수행했다.

앞에서 강조한 바와 같이, '시장실패를 보완하고 불평등을 축소'하는 지금까지 한번도 제대로 수행한 적이 없는 정부 역할의 강화가 당면한 문제 해결과 경제성장의 가장 중요한 대안이다. 이는 많은 경우 시장실패의 영역에서 '정부 재정 기능의 정상화'를 요구하고 있으며, 이를 재정건전성을 유지하면서 수행하기 위해서는 조세부담률의 제고가 반드시 이루어져야 한다.

이제 조세정책 기조를 증세 기조로 전환해서, 우선 조세부담률을 중기적 시계에서 OECD 평균까지 올려야 한다. 장기적으로는 OECD 평균 이상으로 올리는 것이 불가피할 것이다. 선진국과의 부담 격차를 줄이지 않고 혜택의 격차를 줄일 수 있는 방법은 없다. 국민부담률의 격차 또한 줄여나가야 한다. 여기서의 조세부담률 제고 방안은 크게 소득세제의 강화, 법인세제의 개편, 방위세제의 재도입 검토, 담배와 경유 등에 대한 과세 강화, 부동산 및 금융소득에 대한 과세 강화 등으로 요약할 수 있다. 이 방안들을 구체적으로 살펴보면 다음과 같다.

1. 소득세제의 강화 방안

증세를 위해 첫 번째로 검토해야 할 세제는 소득세제다. 최근까지 소득세 세수가 비교적 빠르게 증가해 온 것은 사실이지만 우리나라 소득세 세수가 소득이나 총조세에서 차지하는 비중은 다른 선진국에 비해 여전히 상당히 낮은 편이다. 2021년에 우리나라 소득세의 GDP 대비 비중은 6.1%로, OECD 평균 8.3%보다 낮다. 참고로 G7 국가의 평균은 10.1%인데, 미국 11.2%, 일본 6.2%, 독일 10.5%, 프랑스 9.5% 등이다. 우리나라의 이 비중은 2012년 3.6%에서 꾸준히 상승하는 추세이다. 총조세 대비 소득세 부담은 우리나라가 2021년 20.4%로 OECD 평균 23.8%보다 낮다. G7 국가 평균은 30.3%이다.*

조세부담률 제고에서 가장 중요한 역할을 해야 하는 세목은 소득세이다. 소득세제를 강화하기 위해서 최우선적으로 개선해야 할 것은 소득세 최고세율이 적용되는 과세표준 구간 문턱을 크게 낮추

* 우리나라 조세제도의 현황과 다른 나라와의 비교 자료 등은 국회예산정책처(2023), 『2023 대한민국 조세』 참조.

는 것이다. 우리나라의 소득세 최고세율(45%)은 낮지 않지만, 최고 과세표준 구간 문턱(10억 원)의 경우 평균임금의 22.8배로 다른 선진국들에 비해 훨씬 높다. OECD 국가 평균은 평균임금의 6.3배이고, G7 국가의 경우 6.6배이다.

여기서의 제안은 45%의 세율이 적용되는 최고 과세표준 구간 문턱을 10억 원에서 3억 원으로 대폭 낮추자는 것으로, 그렇게 하면 문턱이 평균임금의 6.8배로 축소되어 다른 선진국들과 비슷한 수준이 된다. 또한 이렇게 개편하면 소득세 과세표준 구간 수가 현행 8개에서 6개로 줄어서 보다 간결한 세제가 된다. OECD 국가와 G7 국가의 소득세 과세표준 구간 수 평균은 각각 5.2개와 5.3개이다. 이런 개편과 더불어 전 구간에 걸쳐 각종 비과세·감면을 축소해 나가야 한다. 현재 각종 비과세·감면이 너무 많은 것도 우리나라 소득세 기능을 약화시키는 주요 요인이다.

그리고 이 과정에서 다른 나라에 비해 크게 높은 소득세 면세자 비중을 축소해 나가야 할 것이다. 우리나라 근로소득자 면세자 비중은 2014년에 48.1%까지 치솟은 후 점차 감소하여 2021년에 35.3%까지 낮아졌지만, 이 비중은 꾸준히 축소해 나가야 한다. 이것이 '소득이 있는 곳에 세금이 있다.'라는 원칙을 지키는 것이다.

한편, 2008년 이명박 정부의 감세정책 추진 과정에서 소득세 세율을 당시 과세표준 구간에 따라 8%, 17%, 26%, 35%에서, 35% 구간을 제외한 중하위 구간에서 2%p씩 낮춰서 6%, 15%, 24%, 35%

로 낮추었는데, 이는 소득세 기능이 과거 매우 미약했던 우리 현실에서 거꾸로 가는 잘못된 정책이었다고 판단한다. 소득세제 개편 과정에서 이를 이명박 정부 감세 이전으로 환원하는 것도 검토할 필요가 있는 것으로 보인다.

이상과 같은 소득세제 개편이 이루어질 경우, 그간 그 기능이 상당히 미약했던 소득세제의 강화를 통해 세수가 크게 확충되고, 소득세의 소득재분배 기능이 강화될 것이다.

2. 법인세제의 개편방안

우리나라 법인세 과세표준 구간과 세율은 이명박 정부의 감세정책 당시 2억 원 이하 10%, 2억 원 초과 22%였다. 이후 2012년에 2억~200억 원 구간을 만들어 20% 세율이 적용되었고, 2018년에는 200억~3,000억 원 구간을 만들어 22%, 3,000억 원 초과 구간 25%가 적용되었다. 윤석열 정부 들어 2023년에 4개 구간에 대한 10%, 20%, 22%, 25%의 세율을 각각 1%p씩 낮춰서 현재 4개 구간, 9%, 19%, 21%, 24%의 세율구조로 운용되고 있다.

우선 법인세 과세표준 구간을 이렇게 4개씩이나 운용하는 것은 이례적이다. OECD 38개 국가 중 24개 국가는 1개 구간, 11개 국가는 2개 구간을 운용하고 있다. 룩셈부르크가 3개, 우리나라가 4개, 코스타리카가 5개를 운용하고 있다. 우리나라 법인세의 GDP 대비 비중은 2021년에 3.8%로, OECD 평균 3.1%보다 다소 높은 편이다. 우리나라 법인세의 총조세 대비 비중도 다른 나라보다 높은 편이다.

법인세제 개편방안으로 여기서는 다른 나라처럼 과세표준 구간을 단순화하여 2억 원 이하와 2억 원 초과의 2개로 하고, 세율을 각각 10%와 25%로 인상하는 방안을 제안한다. 이는 낮은 세율을 11%가 아닌 10%로 정한 것 이외에는 이명박 정부의 감세정책 직전의 세율구조로 복귀하는 것을 의미한다. 증세정책을 추진하는 과정에서 이 정도의 인상은 불가피하다고 판단한다.

법인세 인상은 조세부담률 제고와 조세개혁의 '출발점'의 의미를 가진다. 법인세율 인상 없이 국민을 설득하여 조세부담률을 제고하는 현실적인 대안은 없다고 판단한다. 법인세율 인상이 기업에 미치는 일부 부정적 영향만을 고려해서 법인세율 인상에 반대하고 있을 정도로 상황이 한가하지 않다. 개발연대 이래 정부의 대규모 지원을 받아 성장해 온 우리 기업 부문이 이 정도의 법인세 부담은 지는 것이 공정한 것이라고 판단한다. 법인세율은 기업의 투자를 결정하는 하나의 변수일 뿐이다. 법인세율 인상이 투자를 위축시키는 효과는 제한적일 것으로 본다.

법인세 인상에 반대하는 측에서는, 선진국들이 법인세를 인하하는 추세를 보아야 한다고 주장하는데, 그보다 먼저 인식해야 할 것은 선진국들이 '늘 우리보다 높은 세 부담, 높은 사회보장기여금 부담, 더 큰 복지지출과 큰정부'를 운용해 왔다는 사실이다. 그 격차를 줄이는 것이 보다 근본적으로 필요한 일이고, 그 과정에서 우리는 일부 세목의 세율 조정을 우리 현실에 맞게 다른 방향으로 할 수 있는 것이다. 그토록 선진국들의 추세를 따르고자 한다면, 그들이 우리보다 항상 높은 세 부담을 지는 추세부터 따라야 한다. 그게 먼저다.

개발연대 이래 대기업·재벌 중심의 경제구조에서 경제력 집중이 심화하고 기업소득이 빠르게 늘어나고 있는 상황에서 법인세 증세는 조세부담률 제고의 현실적이고 정당성 있는 정책 수단이다. 우리나라 기업소득은 최근까지 선진국에 비해 빠르게 증가하고 있다. 우리나라 법인세 세수가 GDP에서 차지하는 비중이 OECD 평균을 상회하는 것은 대기업·재벌 중심의 경제력 집중이 심화된 경제체제에서 기업소득 비중이 빠르게 증가한 현실을 반영한다.

법인세 등을 '더 걷어서 더 쓰는 정책'은 단기적으로 경기를 활성화한다(단기에서 균형재정승수=1). 이러한 단순한 사실은 Stiglitz(2012)에서도 강조되고 있다.* 더 걷은 세금이 저출산, 고령화, 양극화를 극복하고 재정건전성을 회복하는 데 쓰인다면, 결국 기업에게도 더 좋은 경제·사회 환경이 조성될 것이다. 법인세 세율이 인상되어도 우리 조세부담률과 국민부담률이 오랫동안 선진국보다 크게 낮았기 때문에 총체적인 세금·사회보장기여금의 부담 면에서 우리 기업들은 경쟁국들에 비해 결코 불리하지 않다. 기업의 부담을 가중시킨다는 논리로 법인세 인상에 반대하는 것은 적절치 않다.

일각에서는 부담금 등 준조세 부담 문제를 지적하기도 하는데 부담금들은 통합재정통계에서 지출 규모에 잡힌다. 일반정부 재정지출의 GDP 대비 비율이 OECD 평균보다 낮고 국민부담률도 낮으므로, 현재 GDP의 1%를 다소 상회하는 수준의 부담금을 포함해도 우리의 상대적 부담 수준이 크게 낮다는 사실에는 변함이 없다.

마지막으로, 보수진영이 법인세 인상에 반대하더라도 최소한 조세부담률 제고의 현실적인 대안은 제시해야 한다. 현재는 그러한 대

* J. E. Stiglitz(2012), *The Price of Inequality*, W. W. Norton & Company 참조.

안 제시 없이 기업의 부담 증가만을 강조하며 반대만 하고 있는 것으로 보이는데, 능력 있는 기업에 대한 법인세 증세 없는 조세부담률 제고는 현실적으로 불가능하다. 보수진영의 이야기대로, 고령화로 가만히 있어도 복지지출 수준이 머지않아 선진국 수준에 도달하는 현실에서 조세부담률·국민부담률이 높아지지 않으면 우리 후세대에게 엄청난 빚만 물려주게 될 것이다. 법인세 인상에 반대하는 일부 보수진영이 이러한 상황을 원하는 것은 결코 아닐 것이다.

3. 방위세제의 재도입 검토

세수 확충의 중요한 대안으로 1975년부터 1990년까지 운용되었던 방위세제의 재도입을 검토할 필요가 있다. 방위세는 1970년대에 미국과 소련의 냉전이 고조되고 월남이 패망하는 등 외교·안보 여건의 변화 속에서 자주국방을 위한 재원을 확보하기 위해 도입했다.

방위세는 기존 세목에 부가하는 부가세(surtax) 형식으로 부과되었는데, 관세, 소득세, 법인세, 상속·증여세, 특별소비세, 주세(탁주 제외), 전화세, 각종 지방세에 부과되었다. 방위세는 국방 재원으로만 활용되는 목적세 형태의 국세로, 모든 국민이 다소라도 방위세를 부담하도록 하기 위해 비과세 대상을 최대한 제한하고, 소득금액에 따라서 차등세율을 적용하면서 사치성 소비행위나 물품에 대해서는 중과세했다.

방위세는 당시 국세 수입의 10%가 넘는 세목이었는데, 방위세가 국세에서 차지하는 비중은 1977년 11.4%(3,416억 원)였고, 1987년에는 13%(2조 3,196억 원)로 높아졌다. 방위세를 통해 1975년부터 1980년대까지 방위비의 36%를 조달했다. 방위세는 도입 당시 1980년 말을 시한으로 도입되었으나 1990년 12월 31일에 폐지되었다.

방위세는 방위산업 육성 등 자주국방을 위한 재원을 마련하는 과정에서 당시의 경제개발 예산을 줄이지 않기 위한 재원 대책으로 도입되었다. 현재 굳건한 자주국방 태세를 갖추고 전시작전권 환수

등을 추진하면서, 저출산, 고령화, 양극화에 대응하기 위한 복지지출 등을 동시에 늘려 나가기 위해서는 별도의 재원 대책이 필요하며, 그 중요한 방안으로 방위세제의 재도입을 검토할 필요가 있는 것이다.

방위세는 소득세, 법인세, 상속·증여세 등에 대한 부가세 형태로 연간 10조~20조 원 수준의 한시적 목적세로 재도입해야 한다고 판단한다. 이는 2024년 국방비(총지출 기준) 59.4조 원의 약 1/4 정도를 담당해서 국방예산뿐 아니라 전반적인 재원 확보에 큰 도움이 될 것이다. 자주국방을 위해 전 국민이 부담하는 형태의 목적세 도입은 그 추진 명분을 확보할 수 있을 것이다.

4. 담배, 경유 등에 대한 과세 강화

일반적으로 조세 부과는 그것이 경제행위와 상관없이 일정액을 부과하는 정액세(lump-sum tax) 방식이 아닌 이상 자원배분의 왜곡을 가져온다. 세금을 부과할 때는 효율성 측면에서 늘 이런 자원배분의 왜곡 효과를 최소화하기 위한 정책 노력을 해야 한다.

그런데 시장에서 외부불경제 효과 등에 의해 효율적인 자원배분이 이루어지지 못하는 시장실패가 발생할 경우, 적절한 세금의 부과는 자원배분의 효율성을 높이는 역할을 한다. 외부불경제 효과란 환경 오염처럼 어떤 경제주체의 행위가 제3자에게 의도하지 않은 불리한 영향을 미치면서 어떤 대가를 지급하지도 받지도 않을 때 발생하는 현상을 말한다. 외부불경제 효과가 발생하는 재화에 대한 과세는 생산비용이나 가격을 올려서 생산과 소비를 감축시켜 사회적인 관점에서 효율적인 자원배분을 이루게 한다.

이런 과세를 교정과세(corrective taxation)라 하고, 대표적인 교정과세가 환경 오염이나 흡연 등에 대한 과세이다. 이러한 원리에 따라 담배나 휘발유, 경유 등에 대한 과세 강화는 자원배분의 효율성을 제고하면서 재원 확충에 도움이 된다.

담뱃값 인상 방안

현행 담배 관련 제세부담금은 지방세에 해당하는 담배소비세(궐련형 일반담배 갑당 1,007원)와 지방교육세(443원), 국세에 해당하는 개별소비세(594원)와 부가가치세, 부담금에 해당하는 국민건강증진부담금(841원), 폐기물부담금(24.4원), 엽연초부담금(5원) 등으로 구성된다. 부가가치세는 세전가격에 담배소비세, 지방교육세, 국민건강증진부담금, 개별소비세, 폐기물부담금, 엽연초부담금 등을 가산한 금액의 10%가 부과된다.

담배에 부과되는 세금은 지방재정 보완 등의 목적으로 점진적으로 인상되어 왔다. 그러다가 2014년에 당시 세계 최고 수준의 우리나라 흡연율을 낮추고 흡연에 따른 폐해를 줄이기 위해 담뱃값을 2,000원 인상하는 방안이 시행되었다. 당시 박근혜 정부는 증세 없는 정책을 내세웠지만, 담뱃값은 갑당 2,000원 인상하는 '증세' 방안을 시행했고, 이는 적절한 조치였다고 판단한다. 박근혜 정부의 여러 경제정책 중 가장 긍정적인 정책으로 기억되는 정책이었다.

이런 인상에도 불구하고 현재 우리나라 담뱃값 4,500원은 다른 선진국에 비해 크게 낮은 편이다. OECD 38개 국가 중 우리나라보다 담뱃값이 낮은 나라는 슬로바키아, 코스타리카, 멕시코, 튀르키예, 콜롬비아 등 5개국에 불과하다.

이제 증세의 중요한 방안으로 담뱃값을 한 번 더 크게 올릴 시점이 되었다고 본다. 여기서는 담배소비세, 개별소비세, 국민건강증진 부담금 등의 인상을 통해 갑당 3,000원 정도 수준의 인상을 제안한다. 이는 중앙 및 지방재정을 확충할 뿐 아니라 흡연의 폐해를 크게 줄일 것이다. 특히 요즘에는 아파트 화장실 등을 통한 층간 담배 냄새 민원이 층간소음 못지않게 급증하는 현실에서, 담뱃값의 대폭 인상은 간접흡연의 피해를 보는 대다수 국민의 건강 및 후생 증진에 크게 기여할 것이다.

교통세제의 강화 방안

교통·에너지·환경세는 1994년에 교통세로 도입되어 교통시설 확충, 에너지·자원 및 환경 보전·개선사업, 유가 변동에 따른 지원사업의 재원으로 활용되고 있다. 2023년 세수 실적이 10.8조 원이다. 교통·에너지·환경세 기본세율은 현재 휘발유가 리터당 475원, 경유가 리터당 340원이고, 탄력세율이 적용되어 현재 각각 396.7원, 238원이다. 소비자가격 대비 제세부담금 비중은 휘발유 47.5%, 경유 31.9%로, 경유보다 휘발유에서 더 높다.

2021년에 휘발유와 경유에 대한 38개 OECD 국가의 평균 소비세율은 휘발유가 리터당 0.4유로, 경유가 리터당 0.3유로이고, 우리나라는 각각 0.55유로, 0.39유로이다. 우리나라의 경우 휘발유와 경유 세율 차이가 0.16유로로 평균 차이 0.10유로보다 조금 높은 편이다.

영국의 경우 휘발유와 경유의 소비세율이 같은 수준이며, 미국, 스위스, 멕시코는 휘발유보다 경유에 높은 세율을 적용한다.

우리나라는 경유에 대한 세율을 휘발유보다 낮게 적용하고 있는데, 이제 경유에 대한 세율을 휘발유 수준으로 높여야 한다. 일반적으로 경유에 의한 미세먼지 발생 등 환경 오염 발생 정도가 더 높은 상황에서 경유에 대한 세율을 상대적으로 더 올리는 정책이 원칙에 맞다. 자원배분의 왜곡을 시정하는 교정과세의 관점에서 교통·에너지·환경세의 세율을 전반적으로 인상하고, 그 과정에서 경유에 대한 세율을 적어도 휘발유 수준으로 높이는 방안을 추진해야 할 것이다.

5. 부동산 및 금융소득 등에 대한 과세 강화

부동산세제의 개선방안

부동산 관련 세제운용의 기본방향은 보유세를 강화하고 거래세를 줄이는 것이다. 우리나라의 부동산 보유세는 국세인 종합부동산세와 지방세인 재산세로 이원화되어 있다. 우리나라와 같이 부동산 투기가 오랫동안 심하고 부동산 가격이 급등한 나라에서 부동산 보유세제의 강화는 자산 관련 불평등을 축소하는 데 효과적이다.

다만 보유세 인상은 점진적·단계적으로 추진해야 한다. 재산과세는 미실현된 이득에 대한 과세로 조세저항이 크다는 사실을 직시해야 하고, 특히 부동산 취득에 따른 가계부채 문제가 심각한 상황에서 급격한 보유세 인상은 지양해야 한다. 이런 측면에서 문재인 정부 후반에 부동산 가격 급등에 대한 대응책으로 나온 종합부동산세제의 강화 조치는 너무 급격하게 이루어진 측면이 있었다고 본다. 종부세 세수는 2013~2018년 기간 중 연간 1조 원대 수준이었고, 이후 2019년에 2.7조 원, 2020년에 3.6조 원이었는데, 2021년과 2022년에는 세수가 각각 6.1조 원, 6.8조 원으로 급등했다.

이후 윤석열 정부 들어 종부세제를 완화하면서 2023년의 실적은 4.6조 원으로 줄어들었다. 그런데 이 과정에서 대통령령에 위임한 공정시장가액비율(공시가격에 이 비율을 곱하면 과세표준이 된다.)을 60~

100%로 정한 것은 지나치게 재량권을 부여한 측면이 있으므로, 이는 80~100% 수준으로 축소 조정할 필요가 있다.

향후 문재인 정부에서 급격히 강화된 부동산세제를 단기적으로는 다소 완화하면서, 부동산 보유에 따른 세 부담은 중장기적으로 꾸준히, 그리고 점진적으로 높여 나가는 정책을 시행해야 한다. 부동산 보유세는 중장기적으로 꾸준하고 점진적인 재원 확충의 중요 세목으로 운용되어야 할 것이다.

금융투자소득세 폐지 비판

2020년 말 세법개정을 통해 금융투자소득에 대한 과세체계가 마련되었으며, 당초 2023년부터 과세를 시행하기로 했으나 2022년 말 세법개정을 통해 과세 시행시기가 2025년으로 유예되었다. 그러다가 2024년 1월에 윤석열 대통령은 급작스럽게 금융투자소득세를 폐지하겠다고 발표했다. 한국 증시의 저평가, 이른바 코리아 디스카운트 해소 차원의 발표였다. 그러나 주식양도차익과 같은 금융투자소득에 대한 과세 정상화 방안으로서 금융투자소득세는 원안대로 추진해야 한다고 판단한다.

금융투자소득세는 주식, 채권, 펀드, 파생상품 등 금융투자로부터 얻은 일정 소득(주식 5,000만 원, 기타 250만 원)을 초과하는 소득에 대해 과세(과세표준 3억 원 이하 20%, 3억 원 초과 25%)하는 세제이다.

2022년 말에 여야가 금융투자소득세 시행을 2025년까지 유예하면서 상장주식 양도소득세를 내는 대주주 기준을 10억 원으로 유지하고, 증권거래세는 단계적으로 인하하기로 합의한 바 있다.

그런데 정부가 갑자기 금융투자소득세는 폐지하겠다고 하면서, 이에 앞서 2023년 말에 상장주식 양도세 과세 대상 기준을 10억 원에서 50억 원으로 조정하는 소득세법 시행령을 개정했다. 코스닥에 대한 증권거래세 세율은 2022년 0.23%에서 2023년 0.20%, 2024년 0.18%로 낮추고, 2025년 이후 0.15%까지 인하할 예정이다.

이처럼 증권거래세는 인하하면서 상장주식 양도세 대주주 기준은 크게 인상하고, 금융투자소득세는 폐지하겠다는 것은 '소득이 있는 곳에 세금 있다.'라는 조세원칙에 맞지 않고, 금융투자소득에 대한 과세의 정상화와 강화라는 기본방향에도 부합하지 않는다. 금융투자소득세는 당초 합의대로 2025년부터 시행되어야 한다.

금융소득종합과세 기준 인하

금융소득에 대한 과세 강화 차원에서 검토해야 할 또 다른 과제는 금융소득종합과세 기준을 연간 2,000만 원에서 1,000만 원으로 하향 조정하는 것이다. 금융소득종합과세는 이자, 배당 등 개인별 연간 금융소득이 2,000만 원을 초과하는 경우, 초과분을 다른 종합소득분과 합산하여 누진세율을 적용하여 종합과세하는 제도이다.

1996년 시행 당시 부부단위 4,000만 원 기준에서 2002년에 부부단위 과세에 대한 위헌 판결로 개인단위 4,000만 원으로 변경되었고, 2013년에 연간 2,000만 원으로 조정되었다.

문재인 정부 당시 이 기준을 단계적으로 1,000만 원으로 하향 조정하는 방안이 논의된 바 있다. 당시 한국조세재정연구원은 이런 조정으로 신규 대상자는 9.8만 원, 기존 종합과세자는 86만 원의 세 부담이 늘어날 것으로 추정했다. 국회예산정책처는 종합과세 기준을 1,000만 원으로 낮추고 분리세율을 14%에서 16%로 올리면 연간 5,000억 원의 세수 증대가 있을 것으로 추정했다. 기준금액이 2,000만 원으로 하향 조정된 지 10여 년이 지난 현시점에서, 이제 이를 1,000만 원으로 인하하는 것은 세수 증대와 과세 형평성 제고 차원에서 충분히 추진할 만한 정책과제라고 판단한다.

6. 상속세 및 부가가치세 개편에 대한 논의

상속세제 개편에 대한 논의

최근 활발하게 세제개편 논의가 이루어지고 있는 세목 중 하나가 상속세이다. 상속세제 개편이 이루어지면, 그에 부합하도록 증여세제도 개편되어야 한다. 상속세 개편 논의의 주된 내용은 우리나라 상속세 최고세율이 50%(최대주주 할증의 경우 60%)로 너무 높아서 이를 하향 조정해야 하고, 유산세 방식의 현행 상속세제를 많은 다른 나라들과 같이 유산취득세 방식으로 바꿔야 한다는 것이다. 그리고 기업들의 가업 승계가 보다 원활하게 이루어지도록 가업상속공제를 확대하는 등 세 부담을 완화해야 한다는 것이다.

우리나라 상속세 최고세율 50%는 일본의 55% 다음으로 높은 수준으로, 프랑스 45%, 미국과 영국 40%, 독일 30% 등보다 높다. 우리나라 상속세 및 증여세 세수의 GDP 대비 비중은 2011년에 0.2%에서 2021년에 0.7%로 상승해 왔다. 2021년에 OECD 평균은 0.2%이다. 최근 부동산 가격 급등으로 상속세를 내는 인원도 급격히 늘고 있다.

유산세 방식은 피상속인이 남긴 유산 총액을 기준으로 과세하는 방식으로 우리나라와 미국, 영국, 덴마크 등 4개국에서만 운용하고 있다. 독일, 프랑스, 이탈리아 등 20개국은 상속인별로 실제로 상속받는 가액을 기준으로 과세하는 유산취득세 방식을 택하고 있다. 2007년 이후 가업상속공제는 꾸준히 확대되고 있다.

이런 상황에서 유산취득세 방식으로 과세방식을 전환하고 세율을 인하하는 등 상속세제를 완화하자는 목소리가 높아지고 있는 추세이다. 상속세 최고세율이 세계적으로 높고 1996년 이전 40%에서 2000년 이후 50%로 높아진 후 변동이 없다는 점, 그리고 최근 부동산 등 자산가격 급등으로 과세 인원이 빠르게 늘고 있다는 점에서 상속세 세율 및 공제금액의 일부 조정 등은 필요한 것으로 보인다. 그리고 현행 유산세 방식보다는 유산취득세 방식이 보다 합리적인 과세방식이라는 점도 인정할 수 있다.

다만 상속세제 개편 과정에서 간과할 수 없는, 반드시 고려해야 할 중요한 사항이 있다. 우리나라 개발연대의 정부 주도형 고도성장 과정에서 필연적으로 나타난 우리만의 특수사정을 반드시 고려해야 한다는 점이다. 앞서 언급한 대로 개발연대 이래 정부 주도의 불균형 성장전략을 통한 고도성장 과정에서 여러 가지 불균형·불평등과 경제·사회 전반의 구조적 문제들의 폐해가 나타났다. 고도성장의 이면에서, 불균형 성장전략, 정경유착과 관치금융, 부동산 투기, 정상적 노조활동의 탄압, 1993년에야 도입한 금융실명제, 제 역할을 하지 못한 조세·재정 기능 등의 폐해를 제대로 인식해야 한다.

이런 맥락에서 상속·증여세제는 부의 대물림 방지라는 기본적인 역할을 통해 오랫동안 축적된 '정당하지 못한 부(富)'의 대물림을 끊어 주는 매우 본질적인 역할을 수행하는 세제라는 점을 인식해야 한다. 그리고 정당하지 못한 부의 일부라도 사회로 환원하는 세제이다. 이 점을 결코 간과해서는 안 될 것이다. 이런 점도 충분히 고려해서, 상속·증여세제를 여건 변화에 맞추어 합리적으로 조정하되, 세수가 큰 폭으로 줄지 않게 유지함으로써 부의 대물림을 방지하여 분배정의를 실현하는 기본역할을 유지할 수 있게 개편해야 할 것이다.

부가가치세제 개편에 대한 논의

부가가치세는 2022년 수입 실적(국세)이 81.6조 원에 달하는 우리 재정운용의 중추적 세목 중 하나이다. 부가가치세 징수액 중 일정 비율(2022년에는 23.7%)을 지방소비세로 전환하는데, 이를 포함하면 108.6조 원에 달한다. 최근에 증세를 위한 조세정책 대안을 제시할 때 종종 거론되는 세목이 부가가치세이다.

일각에서 부가가치세 증세를 주장하는 주된 이유는 우리나라 부가가치세가 1977년에 도입된 이래 세율이 10%로 고정되어 있는데 비해, OECD 국가의 평균 부가가치세 세율은 2022년에 19.3%에 달하기 때문이다. 우리나라 부가가치세율은 영국(20.0%), 프랑스(20.0%), 독일(19.0%) 등의 절반 수준이다. 부가가치세 세수의 GDP 대비 비중도 다른 선진국에 비해 낮은 편이다. 이 비중은 1990년 3.5%, 2010년 3.9%에서 2021년에 4.3%까지 높아졌는데, OECD 국가의 이 비중은 1990년 5.7%, 2010년 6.6%에서 2021년에 7.2%까지 높아졌다.

일반적으로 부가가치세 같은 소비세는 자원배분의 왜곡 효과가 소득세, 법인세 등에 비해 낮다. 반면 형평성 측면에서, 소비세는 일반적으로 저소득층의 세부담률이 더 높아지는 역진적 성격을 갖는데, 실제로 이러한 역진적 효과는 기초생필품 등에 대한 면세 적용, 고소득층의 높은 소비 등으로 생각보다는 크지 않다고 알려져 있다. 그러나 소득세, 법인세 등에 비하면 당연히 상대적으로 저소득층의 세부담률이 높다고 할 수 있다.

물론 부가가치세 세율 인상은 안정적인 세수 증대 방안이고, 효율성 측면에서 증세의 악영향을 최소화할 수 있는 대안인 것은 사실이다. 그러나 저자는 부가가치세 세율 인상은 지금까지 논의한 모든 세제개편 대안들을 먼저 추진한 이후, 그래도 재원이 부족할 때 마지막 수단으로 사용해야 한다고 판단하고 있다.

그 이유는 앞서 제안한 소득세제 강화, 법인세제 개편, 담뱃세·경유세 인상, 부동산 및 금융소득에 대한 과세 강화 등의 방안이 지금까지 우리 세제의 문제점을 바로 잡으면서 세수를 확충할 수 있는 우선적인 과제라고 생각하기 때문이다. 담배·경유 등에 대한 교정과세의 강화는 일반적인 소비과세 강화에 우선한다. 그리고 우리가 세제를 개편할 때 우선적으로 고려해야 할 것이 세 부담의 형평성이고, 이 측면에서 소득세·법인세 및 부동산·금융소득 관련 과세 강화가 부가가치세 인상보다 우선되어야 한다고 판단한다.

부가가치세 인상은 그 국민경제적 파급력이 생각보다 훨씬 클 수 있다. 부가가치세는 모든 국민이 부담하는 세금이기 때문이다. 혹자는 1979년에 박정희 정권을 종식시킨 민심 이반의 주요 요인의 하나로 1977년에 도입한 부가가치세제를 이야기하기도 한다. 세금 인상을 누구도 반기지 않는 상황에서 다른 세제개편 대안들을 먼저 추진한 후, 최후의 재원 확충 방안으로 부가가치세 인상을 말하는 것이 증세에 대한 국민적 수용성을 높이는 현실적 대안이라고 생각한다. 증세의 대안으로 부가가치세 세율 인상에 반대하는 것이 아니라, 증세의 최종적 수단으로 활용하자는 제안을 하는 것이다. 부가가치세 세율 인상은 증세의 최종 대안이다.

제7장
부문별 재정지출 개혁

1. 복지지출의 정책과제

2024년 중앙정부 총지출 예산의 12개 부문별 지출에서 가장 큰 비중을 차지하는 보건·복지·고용 지출액은 242.9조 원에 달하며, 총지출 656.6조 원의 37%를 차지한다. 이 242.9조 원을 넓은 의미의 복지지출이라 할 수 있는데, 이를 주요 항목으로 나누어 보면, 기초생활보장(20.8조 원), 취약계층 지원(5.5조 원), 아동·보육(10.9조원), 여성·가족·청소년(1.7조 원), 노인(25.6조 원), 주택(37.4조 원), 공적연금(80.9조 원), 건강보험(13.7조 원), 보건의료(4.4조 원), 고용·노동(33.1조 원) 등이다. 복지 부문 지출 개선의 기본방향과 주요 정책과제들을 논의하고자 한다.

출산율과 여성경제활동참가율 제고를 위한 복지지출 확대

우리는 여전히 저출산·고령화에 따른 인구구조의 급격한 악화(인구절벽)가 가져오는 엄청난 충격에 무감각하고, 그 대비책을 제대로 준비하지 못하고 있다. 2023년 합계출산율은 0.72까지 떨어졌다. 세계적으로 유례없는, 국가 소멸 수준의 출산율이다.

일각에서는 2000년대 이후 정부가 저출산 대책이라고 분류한 예산을 모두 더해, 예컨대 지난 15년간 총 280조 원을 썼는데도 출산율은 더 떨어지고 있다고 하면서, 심지어 출산율 제고를 위한 재정 확대 무용론을 주장하기도 한다. 그런데 우선 15년간 예산을 모두 합하면 그 규모는 커질 수밖에 없다. 무엇보다 정부가 출산대응 예산이라고 분류한 것들 중 상당 부분은 직접적 출산 대책이라고 하기 어려운 것들이 많다.

예를 들어, 공교육의 질 제고를 위한 예산이 사교육비 부담을 줄이므로 출산율 제고와 관련은 있으나, 교육의 질을 높이는 모든 예산이 출산대응용이라고 할 수는 없다. 예산 확대-출산율 하락의 현상은 그간 예산 규모나 지원 항목의 선택, 지원방식 등에 있어 우리의 대응 노력이 상당히 부족했음을 보여 주는 것으로 해석해야 한다.

향후 복지예산 운용에서 최우선적으로 중점을 두어야 할 첫 번째 목표는 저출산 극복이다. 이것만큼 시급하고 중요한 정책과제는 없다. 저출산 극복을 위해서는 '파격적'이라고 할 정도의 지원을 해야 한다. 현금 지원을 포함한 직접적 출산 지원, 혼인과 육아 부담을 낮추는 주택·보육·교육 지원, 일·가정 양립 지원 등에 훨씬 더 높은 우선순위를 두는 예산운용이 이루어져야 한다.

그리고 저출산 대책의 국가 전체적인 컨트롤타워를 갖추어서 보다 체계적인 지원이 이루어져야 한다. 중앙정부와 지방정부 간의 역할 정립과 중복 방지 노력이 더 필요하다. 현금성 지원은 중앙정부를 중심으로 운용해서, 지자체별 지원 혜택을 더 받기 위한 일시적인 지역 간 이주만 부추기는 제로섬 게임이 되지 않게 해야 한다. 이웃 지역 아이 뺏어오기 식의 지원이 되어서는 안 될 일이다.

2024년 예산에서 출산 및 양육으로 인해 경제적 부담이 큰 영아기(만 1~2세)의 소득 감소를 보전하기 위해 지급하는 부모급여(영아수당)를 인상(2023년 월 35만~70만 원→2024년 월 50만~100만 원)한 것은 적절한 조치라고 판단한다. 여기에 투입된 예산은 이 기간에 1.6조 원에서 2.9조 원으로 78.1% 증가했다. 이러한 예산 지원은 향후에도 더욱 증가시켜야 할 것이다. 이 과정에서 중앙정부 지원이 지자체별 지원과 조화를 이룰 수 있는 역할 분담 및 조정이 필요할 것으로 보인다.

현재 만 0~7세 아동에게 월 10만 원씩 지원하는 아동수당의 인상도 추진해야 할 것이다. 그리고 첫만남이용권(출생 직후 200만 원, 둘째부터 300만 원 바우처로 지급) 예산으로 2024년에 3,804억 원이 책정되어 있는데, 현재 절박한 출산 감소를 감안하면 이런 예산은 대폭 늘려야 할 것으로 본다. 또한 저소득층 기저귀·조제분유 지원으로 2024년에 443억 원의 예산이 책정되어 있는데, 이런 예산도 대폭 늘려야 할 것이다. 이처럼 출산과 육아에 대한 직접적 현금성 지원은 크게 늘려나가야 한다고 본다. 그 지원 단가가 실효성을 가질 수 있을 만큼 높아져야 한다. 이때 기본적으로 꼭 필요한 것은 이런 지원의 구체적 내역을 국민에게 널리 알리는 것이다.

한편, 2024년 주택 부문 예산은 전년보다 11.9% 증가한 37.4조 원인데, 그 대부분이 주택 구입·전세자금을 위한 융자금이다. 무주택 서민을 위한 공공주택 100만 호 공급에 착수한다고 하는데, 그 결과와 결실이 언제 어떻게 나타날지 알기 어렵다.

주택 부문 예산에서 저출산 대책으로 눈에 띄는 정책은 신생아 출산 가구에 대한 특별융자를 신설한 것이다. 한 해에 37조 원에 달하는 주택 부문 예산을 사용하면서, 이런 출산 지원용 주택 융자가 이제야 신설된 것은 그간 우리 출산 대책이 상당히 미흡했다는 점을 보여 주는 것 같다. 이 지원의 기준을 현실성 있게 정하고 자금 규모도 충분히 마련해서 실효성 있는 대책이 되어야 할 것이다.

출산 대책에서 일·가정 양립을 위한 육아휴직, 육아기 근로시간 단축 등을 위한 지원도 매우 중요하다. 2024년에 개선된 관련 사업 내역을 소개하면 다음과 같다. 정부는 부모 모두 3개월 이상 육아휴직 사용 시 육아휴직 기간을 12개월에서 18개월로 6개월 연장한다. 영아기에 부모 모두가 육아휴직을 사용할 경우 지원 상한을 높여 주는 영아기 특례기간을 기존 3개월에서 6개월로 연장하고, 상한도 300만 원에서 450만 원으로 인상한다. 육아기 근로시간 단축 활성화를 위해 사용 가능한 자녀 연령을 8세에서 12세로 높이고, 급여 100%를 지원하는 시간을 주 5시간에서 10시간으로 확대하며, 사용기간도 최대 24개월에서 36개월로 확대한다. 업무대행자에게 사업주가 수당 지급 시 사업주에게 월 20만 원의 업무분담금을 지원한다.

한편, 여성·가족·청소년 부문의 2024년 예산은 1.7조 원이고, 이 중 아이돌봄지원 예산은 전년 대비 31.9% 증가한 4,678억 원이다.

이 예산으로 정부는 맞벌이 부부 등의 돌봄 공백 해소를 위해 아이돌봄서비스 지원 가구를 8.5만에서 11만 가구로 확대하고, 중위소득 150% 이하 2자녀 이상 가구에 대해서는 본인부담금의 10%를 추가 지원한다.

이와 같은 제도 개선과 지원 확대는 올바른 방향이라고 판단된다. 그러나 현실적으로 이 정도 개선이 육아휴직 활용과 여성경제활동참가율·출산율 제고에 얼마나 도움이 될지는 알 수 없다. 맞벌이 부부 등의 아이돌봄지원 예산을 보면, 그 규모가 그다지 크지 않고 지원조건도 제한적인 것을 알 수 있다.

일·가정 양립은 우리 현실에서 정말 중요한 정책과제이다. 이를 위한 제도 개선과 지원 확대를 통해 출산율과 여성경제활동참가율을 높이기 위해서는 발상의 전환이라고 할 정도의 파격적이고 근본적인 대책이 필요한 시점이다. 현행 제도를 조금씩, 땜질하듯이 고쳐서 해결될 문제는 아니라는 점을 인식해야 한다.

우리나라 여성경제활동참가율은 2000년에 48.8%, 2010년에 49.6%, 2020년에 52.8%, 2022년에 54.5%로 점차 높아져 왔지만(통계청 기준), 여성경제활동참가율은 여전히 선진국보다 낮은 수준에 머물고 있다. 남녀 간 경제활동참가율 격차는 OECD 국가 중 하위권(격차가 큰 나라)에 속한다. 그간 일·가정 양립, 보육시설 확충, 공교육의 질 제고 등을 위한 제도 개선과 투자는 꾸준히 이루어져 왔지만, 여성경제활동참가율의 기조적 변화는 없었다고 볼 수 있다.

통계청 자료에서 성별을 구분하는 연령별 통계가 없어서 잘 알 수 없지만, 2000년 이래 50세 이상의 경제활동참가율이 크게 높아진 상황에서, 남성의 경제활동참가율은 최근에 오히려 약간 떨어졌고 그나마 여성의 경제활동참가율이 약간 높아진 사실로부터, 50세 이상 여성의 경제 활동 참가 증가가 전체 여성경제활동참가율을 약간 올린 것으로 추측할 수 있을 것 같다. 만일 이것이 사실이라며 그간의 20~40대 여성을 주 대상으로 하는 일·가정 양립을 위한 정책과 보육 투자 확대 등은 정작 이 연령대 여성경제활동참가율 제고에 그다지 효과적이지 않았다고 볼 수 있다.

출산율 제고는 국가의 전체 노동공급을 늘리는 정책이고, 여성경제활동참가율 제고는 인구의 반에 해당하는 여성의 노동공급을 늘리는 정책이다. 더 성장하기 위해 이보다 더 중요한 정책을 찾기 어렵다. 우리는 복지재정 등의 예산을 대규모로 쏟아부어서라도 이 두 가지 목표를 달성해야 한다.

앞에서 발상의 전환이라고 할 정도의 파격적이고 근본적인 대책이 필요하다고 했는데, 많은 경우 그러한 대책을 추진하기 위해서는 큰 폭의 재정 확대가 불가피하다. 그래서 우리는 큰정부가 필요하고, 재정건전성을 지키면서 큰정부를 하기 위해서는 증세가 필요한 것이다. 아마 우리 재정당국자도 재원이 뒷받침되었다면 그 중요한 출산율과 여성경제활동참가율을 제고하는 대책을 마련하면서 돈을 그렇게 찔끔찔끔 쓰게 예산을 책정하지는 않았을 것이다.

기초연금제도 개선과 국민연금 개혁

고령화에 직접 대응하는 2024년 노인 부문 예산은 25.6조 원이다. 이 중 2조 원 정도가 투입되는 노인 일자리 및 사회활동지원 사업이 있고, 노인 부문 예산의 대부분인 20.2조 원이 기초연금으로 투입된다. 기초연금은 OECD 국가 중 가장 높은 노인빈곤율을 완화하기 위해 65세 이상 어르신의 70%를 대상으로 지급하고 있다. 노인 인구는 2024년에 701만 명으로 늘어나며, 물가상승률을 반영하여 월 최대 지급액은 2023년 32.3만 원에서 2024년에는 33.5만 원으로 인상되었다.

기초연금제도 개선은 현재 논의 중인 국민연금 개혁과 보조를 맞추어 추진해야 한다. 국민연금과 기초연금 간의 역할이 재정립되어야 하고, 양 제도는 여러 면에서 서로 연관되어 있기 때문이다. 현재는 국민연금에 가입하여 연금보험료를 성실히 낸 사람들의 기초연금 수급액이 최대 50% 줄어들 수 있어서, 기초연금제도가 국민연금 가입에 악영향을 미칠 수 있는 문제도 있다.

현행 기초연금제도의 가장 큰 문제점은 노인 빈곤을 완화하기 위한 기초연금이 전체 노인의 70%까지 너무 넓은 범위로 지급되고 있는 것이다. 이 비율을 상당 폭 줄이면, 국민연금 가입에 따른 기초연금 감액 문제도 완화할 수 있다. 현행 제도에서 국민연금 월 수령액이 기준연금액의 150%(50.3만 원) 이하인 사람은 기초연금을 전액

받을 수 있기 때문이다. 기초연금을 지급하는 대상을 보다 하위계층으로 축소하면, 기초연금 수급자 중 국민연금 월 수령액이 50.3만 원을 초과하는 경우는 줄어들 것이다.

현재 국민연금 개혁은 답보 상태에 머물러 있는 것으로 보인다. 아직 그 향방을 알 수 없으나, 국민연금 개혁에 대해 저자가 강조하고 싶은 것은 국민연금의 지속가능성을 높이는, 즉 기금 고갈연도를 늦추는 모수개혁이 시급히 이루어져야 하고, 그 기본방향은 보험료율을 상당 폭 인상하는 것이다. 만일 소득대체율은 올리더라도 보험료율을 그에 상응하여 충분히 인상해서 결과적으로 기금 고갈연도를 늦추고 기금 재정수지를 개선해야 한다. 그러지 못하는 모수개혁은 대안이 될 수 없다고 본다.

우리가 앞으로 30~50년 후의 경제 상황을 제대로 예측하는 것은 거의 불가능한 일이다. 경제성장률, 물가 및 임금상승률, 출산율, 투자수익률 등의 장기 전망치는 얼마든지 크게 변화할 수 있다. 따라서 여러 장기 전망 시나리오에 나오는 전망치들에 너무 높은 비중을 둘 필요가 없고, 그 수치에 지나치게 얽매여 논쟁할 필요가 없다.

다만 그런 수치들의 불확실성과 변동성에도 불구하고 확실한 것은 국민연금을 현행대로 유지하면 기금이 머지않아 고갈되고 국민연금이 지속가능하지 않다는 것이다. 그런 큰 흐름은 여러 전망치들의 불확실성에도 불구하고 머지않아 우리에게 닥치는 미래이다. 따라서 일단 기금 고갈을 늦추기 위해 꼭 필요한 모수개혁은 시급히 시행하여 시간을 벌어가면서, 연금 수급에 중요한 영향을 미치는 주요 변수들의 추이를 보아가면서 필요한 구조개혁과 추가적인 조정을 해 나가는 것이 현실적이고 지혜로운 국민연금 개혁방안이 될 것이다.

국민연금의 개혁 과정에 맞추어 기초연금제도의 역할 정립과 제도 개선을 추진해야 한다. 현재 가장 시급한 개선과제는 정치적인 의사결정의 결과, 전체 노인의 70%에게까지 지급하는 기초연금의 지급범위를 크게 축소하는 것이다. 예컨대, 하위 30~40% 계층에게까지만 기초연금을 지급하는 방식으로 개혁해야 한다고 본다. 이렇게 지급 범위는 크게 줄이되 지급액은 최소 2배 이상으로 높여서 꼭 필요한 대상에게 두텁게 지급하는 것이 노인 빈곤 완화에 도움이 될 것이다. 빈곤 완화를 위한 복지지출은 필요한 계층에게 더 두텁게 지원하는 선별적 지원이어야 한다.

전국민재난지원금과 기본소득 비판

보편적 복지와 선별적 복지 간 논쟁은 우리나라에서도 꽤 오래된 논쟁이다. 대표적인 첫 번째 논쟁은 2000년대 초반 무상급식에 대한 논쟁이었다. 저자는 학교 급식에는 보편적 지원이 맞다고 생각한다. 초중등교육이 의무교육이기도 하고, 어린 학생들의 경우 소위 낙인효과가 있어서 차별적인 지원을 받는 학생들에게 악영향을 미칠 수 있기 때문이다. 또 한 가지 중요한 보편적 복지의 영역은 앞에서 강조한 출산에 대한 지원이다. 인구 문제가 워낙 절실할 뿐 아니라, 우리나라 최고 상위층 일부를 제외하고는 거의 대부분의 사람들에게 아이를 낳아서 키우는 부담이 감당하기 어려운 수준의 부담이기 때문이다.

이런 영역을 제외하고는 한정된 재원을 활용하여 필요한 대상에게 적절하고 도움이 되는 지원을 하는 것이 재정운용의 기본원리에 부합하는 것이라고 판단한다. 세금을 통한 재원조달은 대부분의 경우 자원배분의 왜곡을 가져오고, 이렇게 자원배분의 왜곡을 초래하면서 조달한 재원을 지원이 필요하지도 않아 지원 효과가 없거나 떨어지는 대상까지 넓혀 지원하는 것은 효율적인 재정운용이라 할 수 없다. 대부분의 빈곤 완화를 위한 지원은 선별적으로 이루어져야 하고, 앞서 지적한 것처럼 기초연금 지급도 그래야 한다. 대상의 70%를 지원하는 것은 선별적 지원으로서 적절치 않다고 본다.

최근의 대표적인 선별지원 vs 보편지원 논쟁은 코로나 시기에 지급되었던 제1차 전국민재난지원금 관련 논쟁이었다. 정부는 당초 2020년 3월에 소득 하위 70%(처음에는 하위 50%)에게 4인 가구 기준 100만 원의 긴급재난지원금을 지급하기로 결정했다. 그러나 국회 논의 과정에서 고소득층의 자발적 기부를 전제로 전국민재난지원금을 지급하는 것으로 바뀌었고, 4월 29일에 전 국민에게 재난지원금을 지급하는 제2차 추경안이 통과되었다. 실제로 1차 재난지원금 총액 14조여 원 중 국고로 기부된 금액은 1.9%인 2,803억 원이었고, 그중

직접 기부 의사를 밝힌 자발적 기부금은 전체 지원금의 0.2%인 287억 원에 불과했다.

당시 총선 등 정치적 영향이 크기는 했으나, 코로나로 어려움에 처한 국민들에 대한 지원으로 재난지원금을 전 국민에게 지급한 것은 재정운용의 기본원리에 맞지 않는 포퓰리즘적 정책이었다고 본다. 코로나로 정말 어려움에 처한 계층에게 더 두텁게 지원하는 것이 제대로 된 정책이다. 코로나 시기에 소득이 더 증가한 계층도 있고, 지원이 필요하지도 않은 계층도 있는데, 그들 모두에게 세금을 지급하는 것은 포퓰리즘으로밖에 설명할 수 없다.

세금을 거둘 때는 자원배분의 왜곡이 발생하는데, 필요하지도 않은 계층에게 그 돈을 지급하면 어떤 정책적 효과도 거둘 수 없다. 효율적 자원배분도, 공평한 소득분배도 이룰 수 없다. 전국민재난지원금 지원의 중요한 목표로 이야기되는 소비 진작은 효율적 자원배분이나 공평한 소득분배를 위한 지출을 늘리면서 하는 것이 더 나은 정책이다. 동일한 총수요 증대 효과를 가지면서, 동시에 효율적 자원배분이나 공평한 소득분배에 기여하는 정책이 더 나은 정책이다. 그리고 소비를 진작할 때, 한계소비성향이 높은 저소득계층에게 더 지급하는 것이 효과적이다.

이런 점에서 당시 전국민재난지원금 지급은 잘못된 정책이었다고 판단한다. 이 책을 집필하고 있는 현시점에 논의되고 있는 1인당 25만 원의 전 국민 민생회복지원금 지급도 같은 맥락에서 잘못된 정책이라고 판단한다.

한편, 보편적 복지지출과 관련하여 최근 수년간 가장 많은 논쟁이 있었던 주제가 기본소득 이슈이다. 기본소득은 국가가 모든 개인에게 소득, 자산, 노동 등과 무관하게 일정액을 정기적으로 지급하는 제도이다. 기본소득은 국민들의 최소한의 인간다운 삶을 보장하기 위해 모든 이들에게 동일한 복지를 제공해야 한다는 보편적 복지의 개념에 부합한다. 전 세계적으로 상당한 논의와 일부 기본소득 지급 실험이 진행되기도 했으나, 국가 차원에서 이 제도의 도입을 검토하거나 시행한 사례는 없다.

저자가 10여 년 전 기본소득제도에 처음 접했을 때, 솔직히 이런 황당한 제도가 있나 생각했었다. 최근에는 한 유명 정치인의 대표 아젠다가 되어 지난 대선 과정에서 논쟁이 많이 이루어지기도 했는데, 여전히 저자는 기본소득제도에 대해서 단호한 반대 입장을 가지고 있다. 무엇보다도 이런 제도의 도입은 그 필요한 재원 규모상 재원조달이 비현실적이고, 막대한 재원 소요에 비해 효과도 미미하다고 보기 때문이다.

만일 전 국민에게 월 30만 원을 지급하면, 대부분의 개인 입장에서는 그렇게 큰돈이 아니지만, 국가적으로는 예산이 1년에 180조 원이 든다. 180조 원이라는 돈은 국가 예산에서도 어마어마하게 큰돈이다. 180조 원을 써서 국가가 할 수 있는 의미 있는 일들은 너무도 많다. 단순하게 보면, 2024년 예산에서 국방비가 59.4조 원, SOC 예산이 26.4조 원, R&D 예산이 26.5조 원, 공공질서·안전 예산이 24.4조 원, 농림·수산·식품 예산이 25.4조 원, 환경 예산이 12.5조 원인데, 이를 모두 합하면 174.6조 원으로, 180조 원에 못 미친다. 1년치 국방, SOC, R&D, 공공질서·안전, 농림·수산·식품, 환경 예산을 모두 합친 것보다 5.4조 원이 많은 금액을, 그 돈이 필요하지도 않은 사람에게까지 월 30만 원씩 지급하는 정책에 동의할 수 없다.

일각에서는 기본소득을 도입하면서 기존의 복지지출을 대폭 삭감하는 정책을 구상하면서 기본소득 도입을 주장하는데, 저소득층·취약계층 등 필요한 계층에게 두텁게 지원하는 정책이 필요하지도 않은 계층에게까지 동일액을 얇게 지원하는 정책보다 훨씬 우월한 정책이다.

혹자는 기본소득으로 세금을 많이 거두어도 결국 모든 국민에게 다시 나누어 주므로 별문제가 없다고 이야기한다. 그러나 이는 세금을 거둘 때 발생하는 자원배분의 왜곡 효과를 감안하지 않은 이야기이다. 더 많이 거두어서 더 많이 지출할 때 세금에 의한 자원배분의 왜곡 효과는 더 크게 늘어난다. 우리가 상품에 과세할 때 과세로 인한 초과부담(자원배분의 왜곡 효과)은 세율의 제곱에 비례하여 발생한다. 필요한 만큼 거두어서 필요한 곳에 지출하는 정책이, 더 많이 거두어서 필요하지도 않은 사람에게까지 지출하는 정책보다 조세 징수에 따른 자원배분의 왜곡을 훨씬 줄일 수 있다.

일반적으로 기본소득 지급으로 자원배분의 효율성을 높일 수 없다. 어떤 시장실패도 없는 상황에서, 단지 모든 구성원에게 일정액을 지급하기 때문이다. 분배 개선 차원에서도 일정액의 예산을 전 국민에게 동일 금액으로 나누어 주는 것보다, 같은 금액을 예컨대 50% 이하 소득계층에게, 소득이 낮을수록 더 두텁게 나누어 주는 것이 당연히 분배 개선에 도움이 된다. 경기부양을 위한 것이라면, 한계소비성향이 더 높은 하위계층에게 더 지원하는 것이 효과적이다. 필요한 공공재, 가치재, 공공서비스를 공급하면서 지출 규모를 늘려 경기를 부양하는 것이, 단순히 모든 계층에게 돈을 나누어 주는 것보다 자원배분의 효율성을 높이는 바람직한 경기부양 방안이 된다.

이렇듯 저자는 월 30만 원을 모든 국민에게 지급하기 위해 180조 원의 예산을 지출하는 정책을 이해할 수 없고, 기본소득정책에 전혀 동의하지 않는다.

치매 등 가족이 감당하기 어려운 질병에 대한 국가적 책임 강화

복지지출 본연의 기능이라고 할 수 있는 저소득층 및 취약계층에 대한 지원은 선별적 복지의 원리에 따라 필요한 대상에게 두텁게 지원해야 한다. 이러한 지원은 보통 형평성을 제고하는 분배 개선 정책으로 인식된다. 그런데 분배 개선을 통해 사회통합을 제고하고 사회갈등을 줄이는 것이 경제의 효율성을 높이는 중요한 경로가 될 수 있다. 현재처럼 양극화가 심화된 우리 사회에서 적절한 수준의 분배 개선은 형평성과 효율성을 모두 제고할 수 있는 정책이 될 수 있다.

저소득층이나 취약계층을 지원하는 것이 공공재(국방, 치안 등)나 가치재(교육, 주택, 의료 등)를 공급하는 원리, 즉 공공재나 가치재가 제대로 공급되지 않는 시장실패에 따라 효율적인 자원배분을 위해 정부가 공공재, 가치재를 공급하는 원리와 무관한 것으로 생각하는 경향이 있다. 그런데 저소득층이나 취약계층에 대한 지원 또한 본질적으로는 시장실패를 극복하는 과정에서 나온 것으로 볼 수 있다.

사회구성원 누구나 예상치 못한 사고, 질병, 실업, 사업실패 등의 발생으로 저소득층이나 취약계층이 될 수 있다. 그런 위험이 누구에게나 있는 것인데, 시장은 이런 불확실성이나 위험에 제대로 대처하지 못해서 일종의 시장실패가 발생하는 것이다. 이런 위험에 대처하는 완벽한 보험제도는 작동하지 않는다. 불확실성과 위험에 제대로 대처하지 못하는 시장실패의 결과로 위험에 빠진 계층이 생겨나는 것이고, 이들에 대해 정부가 재정 지원을 하게 되는 것이다.

2024년 예산에서 기초생활보장 부문 예산은 전년 대비 8.8% 증가한 20.8조 원이고, 취약계층(장애인) 지원 부문 예산은 4.8% 증가한 5.5조 원이다. 총지출 증가율을 2.8%로 억제하면서 저소득층이나 취약계층 지원 부문의 예산 증가율을 높게 설정한 것은 올바른 방향이라 평가된다. 이들 부문의 예산은 앞으로도 상대적으로 빠르게 증가시켜 나가야 한다.

여기서는 정부의 집중적인 지원 확대가 필요한 중요 정책과제로,

'치매·발달장애·뇌병변장애 등 가족이 감당하기 어려운 질병·장애에 대한 국가적 책임 강화'라는 정책과제를 제시하고자 한다. 고령화에 따라 치매 환자 수가 급증하고 이에 대한 두려움과 고통이 전 세대적으로 커지고 있다. 치매의 사회적 문제와 환자 가족의 경제 활동 제약에 따른 폐해가 급증하고 있다. 대한치매학회는 2021년 기준 65세 이상 치매 환자 수를 91만 명으로 추정했다. 치매 환자로 인한 사회적 관리비용을 2060년에 43.2조 원으로 추정했다.

이 문제에 대한 실효성 있는 대처방안을 모색하는 것이 중요한 정책과제이다. 장기요양보험제도를 개선하고, 노인요양시설·병원의 양적·질적 확충을 위한 개선책이 요구되고 있다. 특히 치매에 대한 '조기진단 시스템'의 도입 확대로 사회적 비용을 축소하는 방안을 우선적으로 검토해야 한다.

또한 2022년에 26만 명에 이르는 발달장애인(지적장애, 자폐성 장애)에 대한 지원 및 관련 시설의 확충 또한 시급한 과제이다. 치매와 마찬가지로, 아니 그 이상으로 발달장애인을 돌보는 것은 가족이 감당하기 어려운 일이다. 그리고 발달장애에 포함되지 않는 뇌병변장애인(2022년 24.5만 명)을 돌보는 일도 그러하다. 최근까지 이어지는 간병살인의 고리를 끊을 대책이 필요하다. 오랜 간병 끝에 높은 치료비와 간병에 따른 생활고를 견디지 못해 피간병인을 살해하는 비극적인 일이 더 이상 발생하지 않아야 한다.

치매·발달장애·뇌병변장애 등 가족이 감당하기 어려운 질병과

장애에 대한 국가의 책임을 명확히 하고, 지원체계와 관련 시설을 정비하고, 지원 규모를 확충해 나가야 한다. 문재인 정부는 주요 공약의 하나로 '치매 국가책임제'를 내세웠었다. 이에 따라 전국에 치매안심센터와 치매요양시설을 확충하는 등의 노력을 기울였다. 그러나 국민이 체감할 수 있는 치매 관련 요양서비스의 양적·질적 확충에 대한 투자는 미흡했던 것으로 보인다. 재원을 확보해서 치매 환자 간병비의 국민건강보험 급여화를 추진해야 한다고 본다. 요양원 및 요양병원의 서비스 수준을 높이기 위한 상시 점검·관리 기능도 대폭 강화해야 한다.

국회입법조사처 연구 결과에 의하면, 2015년부터 '발달장애인 권리 보장 및 지원에 관한 법률'이 시행되었지만, 가족 돌봄 부담은 여전히 높은 것으로 나타났다. 뇌병변장애인은 발달장애인에 비해서도 제도적으로 훨씬 더 사각지대에 놓여 있는 것이 현실이다. 이제 이런 문제들에 적극적으로 대처해야 한다. 재원을 확보해서 이런 지원을 제대로 하는 것이 국가의 책무를 다하는 것이다.

2. 교육개혁을 위한 재정의 역할

최근 교육개혁 논의에서 '교육의 질 제고'와 '교육 기회의 평등 확대'라는 가장 본질적이고 근본적인 목표에 대한 관심이 약화되고 있는 것으로 보여, 큰 문제라는 생각이 든다. 이런 근본적 목표 달성을 위한 장기적인 관점의 개혁 추진보다는 그때그때의 현안 과제에만 매몰되어 있는 양상이다. 얼마 전까지의 관심은 무상급식 문제나 대학등록금 부담 완화 등에 대한 것이었고, 최근에는 지방교육재정교부금제도의 개편 문제에 관심이 쏠리고 있다.

경제를 더 성장하게 하는 가장 근본적이고 유효한 정책 수단은 좋은 인재를 많이 육성하는 것이다. 이를 위한 '교육의 질 제고'에 대한 국가적 관심과 체계적 지원이 부족한 것이 문제이다. 교육 기회의 평등과 관련하여 누구나 '개천에서 용 나는 사회'를 이야기하지만, 현실은 그런 사회에서 점점 멀어져 가고 있는 것으로 보인다. 가난한 집안에서 태어나도 본인만 노력하면 성공할 기회가 열려 있는 기본 조건으로서 '공교육 정상화'에 대한 관심도 오히려 줄어들고 있는 것으로 보인다. 교육을 제대로 하는 정책이야말로, 인재 육성을 통해 효율성을 높이고, 교육 기회의 평등 확대를 통해 형평성을 제고하는 제1의 정책이다.

지금처럼 경제가 어려울수록 기본으로 돌아가서, 좋은 인재를 어떻게 양성하고, 본인만 노력하면 성공할 수 있는 길이 열리는 교육을 위해 어떤 제도적·재정적 지원을 할지에 대한 근본적 점검이 요구된다. 국가 제1의 과제인 출산율을 높이기 위해서도 사교육 부담을 완화해서 양육 부담을 줄여야 하고, 그 방법은 공교육을 정상화하는 것이다.

지방교육재정교부금제도의 개편 논의

2024년 교육예산 규모(중앙)는 89.8조 원이고, 이 중 유아 및 초중등교육 예산이 73.7조 원, 고등교육(대학) 예산이 14.7조 원이다. 유아 및 초중등교육 예산 중 66.9조 원은 지방교육자치단체에 나누어 주는 지방교육재정교부금이다. 각 지방교육자치단체는 정부의 교부금과 자체수입 등으로 유아 및 초중등교육을 담당하고 있다.

현재 관심이 가장 높은 교육재정 개혁 과제는 지방교육재정교부금제도를 개편하는 것이다. 지방교육재정교부금은 내국세의 20.79%로 고정되어 있는데, 최근 저출산 심화로 학생 수는 줄어든 반면, 내국세 세수는 2021년이나 2022년에 대규모 초과세수가 발생할 정도로 호조를 보여서, 재원이 남아돌고 있고 이를 다른 용도로 사용할 수 있게 지방교육재정교부금제도를 개편하자는 것이 논의의 골자이다. 한마디로 교부율을 상당 폭 낮추자는 것인데, 각 지방교육자치단체와 교육계는 이에 강력히 반대하고 있다.

이 문제와 관련한 더 오래된 논의는 지방재정과 지방교육재정을 통합하거나, 적어도 그 연계성을 높이자는 것이다. 우리나라 지방자치는 지방행정자치와 지방교육자치로 이원화되어 있다. 아마도 교육이 정치로부터 영향을 받지 않게 하기 위한 제도적 장치였을 것이다.

그러나 지방의 발전과 지역주민의 삶의 질 제고 차원에서 보면, 지방재정과 지방교육재정이 분리되어 운영되는 것은 여러 면에서 상당히 비효율적이다. 어느 지방을 더 살 만한 곳으로 만들고자 할 때, 좋은 학교와 대학만큼 중요한 요소도 찾기 힘들다. 지방행정 차원에서도 교육은 매우 중요하다. 그런데 이들을 분리하여 운용하고 있는 것이다. 1990년대 이래 많은 재정학자들이 이 둘의 통합 내지는 최소한 연계성 제고를 주장해 왔고, 저자도 그렇게 주장해 왔다.

최근의 지방교육재정교부금제도 개편 논의에서 먼저 검토해야 할 보다 현실적인 과제는 지방재정과 지방교육재정 간의 벽을 낮추고, 상호 연계성을 높여서 재원을 필요에 따라 보다 효율적으로 사용하게 하는 것이라고 판단한다. 경우에 따라서는 지방자치단체가 교육예산 지원을 더 늘릴 수 있고, 지방교육재정에 여유가 있을 때는 그 지역주민이 원하는 지역발전을 위한 다른 사업에 재원을 탄력적으로 활용할 수 있게 하는 것이다. 꼭 두 단체가 통합되지 않더라도 지역발전을 위한 생산적 협업은 가능해야 지역주민을 위하는 정상적인 지방자치이고, 재정운용이다.

일각에서 학생 수가 급격히 줄어들고 있으니 당장 지방교육재정교부율을 낮추어야 한다거나, 지방교육재정교부금의 일부를 다른 사업의 재원으로 활용해야 한다는 주장이 강력하게 제기되고 있다. 이에 대해 저자는 향후 어느 정도의 조정은 필요하겠으나, 당장에 교부율을 낮추는 등의 개편에는 신중해야 한다는 입장이다. 물론 앞서 강조한 증세정책이 제대로 시행되어 조세부담률이 상당한 정도로 높아질 경우, 지방행정을 포함해서 교부율의 전반적인 조정은 필요할 것이다.

출산율 하락으로 학생 수가 많이 줄고 있는 것은 사실이다. 그런데 이때 발생하는 여유재원은 기본적으로 지금까지 오랫동안 별로 신경 쓰지 못한 교육의 질 제고를 위한 재원으로 먼저 쓰는 것이 맞다. 교육의 질을 높이고 공교육을 정상화해서 사교육 부담을 낮춤으로써, 크게 떨어진 출산율을 다시 올리는 것이 우선이다.

학생 수가 줄어도 그간 학급당 학생 수나 교사 1인당 학생 수가 많았던 것을 이제 상당 폭 낮추게 된 것이고, 교육의 질 제고를 위해서는 이를 계속, 가능하면 좀 더 낮게 유지하는 것이 필요하다. 그렇다면 교사의 수는 유지해야 하고, 인건비가 교육예산에서 높은 비중을 차지하는 현실에서 예산 소요는 생각만큼 줄어들지 않을 수 있다.

지방교육재정교부율을 낮추는 개편 논의는 최근 들어 더 강력하게 제기되고 있는데, 그 중요한 요인은 2021년과 2022년의 세수 풍년이었다. 그러나 세수에도 일종의 주기가 있다. 2023년에는 국세가 전년 대비 52조 원이나 덜 걷힌 결과, 지방재정교부금과 지방교육재정교부금이 대폭 삭감되었고, 2024년 예산에서 지방교육재정교부금

예산은 전년보다 6.9조 원 줄어들었다. 이런 점도 감안해야 한다.

향후 지방교육재정교부금제도 개편을 중기적 관점에서 신중하게 진행하되, 초중등교육 예산운용은 지방행정자치와의 통합 운용 내지는 연계성을 제고하는 방향으로 개선되어야 한다. 당장 남는 돈을 다른 데로 이전할 생각보다, 어떻게 하면 교육재정을 제대로 사용해서, 돈을 써서라도 교육의 질 제고와 교육 기회의 평등 확대라는 본질적 목표를 이룰 수 있을지에 대해 국가와 지방자치단체와 지방교육자치단체가 지혜를 모아야 한다. 특히 지방교육자치단체는 재원의 여유가 있을 때, 이를 교육 발전을 위해 어떻게 생산적으로 사용할지를 결정하는 기획 능력을 보여 주어야 한다. 그렇지 않고 교부금제도 개편에 반대만 해서는 설득력이 없을 것이다.

지역거점대학 집중육성사업

2024년 고등교육(대학) 예산은 14.7조 원이다. 고등교육 예산의 경우 잘 알려진 사실 하나는 우리나라 고등교육 예산의 GDP 대비 비중이 0.7% 수준으로, OECD 평균 1%에 못 미친다는 사실이다. 이런 격차는 오랫동안 유지되어 온 격차이다. 기본적으로 고등교육에 대한 예산 지원을 늘려야 한다.

최근 고등교육 예산운용에서, 주로 등록금 부담을 어떻게 줄일지 등에만 관심이 있고, 오랫동안 등록금을 동결한 결과 대학교육의 질 제고를 위한 투자는 위축되고, 사업집행 방식에도 문제가 있어 보인다. 교육부의 대학구조개혁과 일부 특성화 사업의 경우, 대학교육의 질 제고를 위해 가장 필요한 교수 확충이나 학생을 위한 교육여건 개선은 부진한 상황에서, 주로 학생들을 인턴이나 해외연수 보내고, 해외에서 교수·학생들을 초빙하고, 외국어 교육 등에만 과잉투자하는 결과를 초래하고 있는 것으로 보여서 개선이 요구된다.

기존의 일부 특성화 사업 수행에서 나타나는 바와 같이, 특정 사업 위주의 보여주기식·나눠주기식 재정 지원 방식, 제안서 순발력 있게 잘 쓰면 지원하는 방식을 '선택과 집중' 원칙하에서 학생과 교수, 교육여건 개선을 지원하는 방식으로 개선하자는 것이다.

여기서는 고등교육뿐 아니라 우리 교육 문제 해결을 위한 하나의 근본적 대안으로 '지역거점대학 집중육성사업'을 제안하고자 한다. 이 방안은 저자가 2004년에 당시 재정당국인 기획예산처에 제출한 연구용역보고서에서 처음 제안했다.• '지역거점대학 집중육성사업'은 광역권별로 지역거점대학을 선정해서 집중적으로 지원·육성하는 사업이다. 속칭 SKY 대학이라고 하는 대학들 수준에 버금가는 '수험생이 가고 싶은 좋은 대학'을 정부의 집중적인 투자를 통해 전국 곳곳에 육성하자는 것이다.

이런 제안을 할 때 문제 인식은 다음과 같은 것이었다. 우리가

• 황성현 외(2004), 『고등교육 예산 운용의 평가와 정책과제』, 한국재정·공공경제학회, 2004. 12.

세계 최고의 경제 대국 미국을 이야기할 때 빼놓을 수 없는 것이 미국의 세계 최고 수준의 수많은 좋은 대학들이다. 여러 공신력 있는 대학평가에서도 볼 수 있듯이 미국이 워낙 큰 나라이기도 하지만 미국에는 전역에 걸쳐 소위 일류대학으로 평가받는, 수험생들이 가고 싶은 좋은 대학들이 너무나 많다. 미국 동부 명문대학을 칭하는 아이비(Ivy)리그 대학이 하버드, 예일, 프린스턴, 유펜 등 8개이고, 스탠퍼드, MIT, UC버클리, UCLA, 시카고, 칼텍, 노스웨스턴, 존스 홉킨스, 라이스 등 세계적인 유명대학들이 일일이 나열할 수 없을 정도로 많다. 위스콘신, 미시간, 미네소타, 일리노이 등 주립대들도 세계적인 수준이다.

미국 대학의 저변은 우리가 생각하는 것보다 훨씬 넓다. 저자가 박사학위를 마치고 1년간 방문조교수로 근무했던 뉴욕시립대(CUNY) 버룩 칼리지(Baruch College)는 그렇게 유명하지 않은 대학일지 모르나, 저자가 부임한 1990년 가을에 노벨경제학상을 받은 마코위츠(Harry Markowitz) 교수가 이 대학의 교수였다. 우연히도 저자의 바로 옆방 교수이기도 했다. 이렇게 좋은 대학들이 미국 전역에 걸쳐 많이 있는 것이 미국의 첫 번째 경쟁력이고, 미국 대학들은 세계의 인재들까지 끌어들여 최고 수준의 인재들을 배출하고 있다.

미국의 고3 학생들 입장에서 한번 생각해 보면, 대학에 진학할 때 선택지가 훨씬 많다. 진정으로 가고 싶은 좋은 대학이 훨씬 많은 것이다. 이런 여건이 중등교육에서의 사교육 압력을 완화하고 공교육을 정상화하는 중요한 전제조건이 되고 있는 것으로 보인다. 지역거점대학 집중육성사업을 통해 수험생이 가고 싶은 좋은 대학을 전국 곳곳에 육성함으로써, 사교육에 대한 수요 압력을 완화하고, 고등교육의 경쟁력을 강화하여 더 좋은 인재를 많이 양성해 나갈 때 성장잠재력을 배양할 수 있다.

이 사업은 결국 집중적인 재정 지원과 제도 개선으로 광역권별로 카이스트, 포스텍 같은 지방소재 대학의 성공사례를 인문사회계열을 포함하여 지방 곳곳에 더 만드는 사업이다. 이러한 정책은 고등교육 발전뿐 아니라 지역경제 활성화, 지방균형발전에도 크게 기여할 것이다. 지역의 좋은 대학들은 지역발전을 견인하는 구심점 역할을 할 것이다. 지역거점 국립대 등을 중심으로 이 사업을 긴 안목으로 지속적으로 추진할 때 1990년대 이전에, 예컨대 부산대, 경북대 등의 입학성적이 서울의 유명대학들에 비해 떨어지지 않았던 시절로 돌아가고, 아니 그 이상으로 높아지고, 나아가서 세계적 수준의 지역거점대학들을 육성해 나갈 수 있을 것이다.

이 사업을 추진하려면 선택과 집중 원칙을 철저히 적용해서 지역별 거점대학들을 집중적으로 육성해야 한다. 현재 지역별로 거점 국립대들이 있는 상황에서 지역거점 국립대들을 육성 대상으로 선정하는 방식이 간단하면서도 효율적이고 누구나 인정할 수 있는 추진 방식이 될 것이다. 여기서도 제안서 잘 쓰면 선택받는 방식을 탈피해야 한다고 본다.

지원 대상 수는 최소화하되(광역 권역별 1개), 지원 규모는 장기에 걸쳐 대규모로, 재정 집행의 제약조건은 최소화해서 지원해야 한다. 연간 지원 규모는 대상 대학의 여건과 사업계획 등에 따라 달라지겠지만, 집중 지원이 되기 위해서는 연간 '추가' 지원 규모가 500억~1,000억 원 규모 정도는 되어야 할 것으로 보인다. 대학의 자율성을 최대한 살리면서, 대규모로 집중지원하고 5~10년 주기의 성과평가만 제대로 하면 될 것이다.

최근 윤석열 정부는 외형상 이 사업과 비슷해 보이는 글로컬대학 육성 사업을 시행하고 있다. 이 사업은 지역대학 중 역량이 우수한 대학을 선정하여 세계적인 대학으로 성장하도록 집중투자하는 사업으로, 2026년까지 비수도권 지방대 총 30개교를 선정하고 교당 5년간 약 1,000억 원을 지원하는 사업이다. 2023년에 10개교 선정에 이어 2024년에 10개교를 추가 선정한다.

재정 지원 확대를 통해 지방대학을 육성한다는 기본방향은 올바른 방향이다. 그런데 이렇게 30개 대학이나 선정해서 5년간, 1년에 200억 원 지원하는 것으로는 세계적 대학으로 육성하는 성과를 거두기 어려울 것으로 판단한다. 30개로 분산투자하는 지원 규모도 문제이고, 이렇게 5년간 한시 지원하면 필요한 교원은 확충하지 못하고, 사업이 아마도 학생들 인턴이나 해외연수 보내고, 학교 건물 짓는 사업 등으로 채워질 가능성이 높아 보인다.

별도의 선정위원회를 두고 30개 대학을 선정하는데, 교육부 방식이 늘 그러했듯이 한시적으로 한정된 예산을 지원하면서 대학 간 통폐합 등 즉시적 구조조정을 요구하고, 이를 제안서에 잘 포장하여 담은 대학 위주로 선정될 것으로 보인다. 이런 나눠주기식, 한시적 지원방식으로는 지역의 좋은 대학을 육성할 수 없다. 일시적으로 몇몇 좋아 보이는 사업들을 수행하는 대학들이 많아질 뿐이다. 앞서 제시한 지역거점 국립대를 중심으로 하는 대규모의 장기적 집중투자 방식이 유일한 성공 대안이라고 본다. 돈을 나누어서 한시적으로 찔끔찔끔 쓰면 아무것도 이룰 수 없다.

여기서 한 가지 추가 제안할 것은 이러한 지역거점대학 집중 육성에 추가해서, 각 지역거점 국립대들의 부속대학병원들을 집중적으로 지원하여 육성하는 것이다. 지방을 살리고, 지방을 더 살 만한 곳으로 만드는 일은 이제 가장 중요한 국가적 과제이다. 지방을 살려야 더 성장할 수 있고, 수도권 집중의 비효율을 줄일 수 있고, 출산율도 올릴 수 있다.

지방을 더 살 만한 곳으로 만들 때 꼭 필요한 두 가지만 든다면, 그것은 좋은 학교와 병원이라고 생각한다. 좋은 학교와 병원은 그곳에 살기 위한 필수조건이다. 앞에서 지방에 좋은 학교와 대학을 육성하는 정책들을 제시했고, 여기에 더해서 지역거점 국립대학들이 모두 보유하고 있는 부속대학병원들을 집중적인 투자와 지원으로 육성해서, 이들 대학병원들이 서울의 5대 종합병원 수준으로 발전하고, 그렇게 인식될 때 진정한 지방시대를 열 수 있을 것이다.

3. 자주국방을 위한 국방예산 운용

공공재(public good)란 생산되는 즉시 모든 사회구성원이 소비 혜택을 공유할 수 있는 재화이다. 공공재의 경우 한 사람의 소비가 다른 사람의 소비에 영향을 미치지 않고(비경합성), 어떤 사람이 그 재화를 소비하는 것으로부터 배제할 수 없다(비배제성). 그래서 사람들은 그 재화가 필요 없다고 하고, 일단 그 재화가 공급되면 무임승차하려고 한다. 모두가 무임승차하려고 하면 그 공공재는 공급되지 않고, 시장실패로 이어진다. 국방이 그런 대표적인 공공재이다.

국방예산 규모의 적정화

남북 대치 상황과 우리가 처한 지정학적 외교·안보 여건에서 우리는 상대적으로 높은 국방비 부담을 유지해 왔지만, GDP 대비 국방비 비중은 추세적으로 점차 낮아져 왔다. 안보위협 수준 대비 국방비 부담 수준은 낮다는 분석도 많이 제기되고 있다. 우리나라 국방비(일반회계 예산 기준)의 GDP 대비 비중은 1981년에 5.4%에서 2000년대 초반에는 2.1%까지 낮아졌고, 이후 약간 높아져서 2024년 국방비 예산 59.4조 원은 GDP의 2.5% 수준이다.

우리의 지정학적 여건과 자주국방 목표 설정에 따른 국방비의 적정규모를 모색하고, 국방예산 운용을 효율화하는 지출구조 개선의 관점에서 국방예산 운용 전반을 되짚어 보아야 한다. 최근 북한 핵 실험 및 미사일 발사 등에 대한 대비와 전시작전권 환수 문제 등을 포함하는 국방전략 목표 설정과 이를 뒷받침하는 재정 지원이 이루어져야 한다.

국방비의 적정규모와 관련하여 전통적으로 다음의 두 가지 상반되는 견해가 존재한다.• 진보주의적 견해에서는 북한의 현 경제력으로는 전쟁 수행 능력이 없으며, 남북한 군사력 격차 면에서 이미 남한이 우위를 달성했고, 부분적 위협 요인에 대해서는 주한미군이 보완하여 억제력 발휘가 가능하다고 본다. 한미동맹 관계 강화와 다자안보체제 구축으로 국방비 삭감도 가능하다고 본다. 통일 여건 조성 과정에서 남북 간 소모적 군비경쟁은 긴장 완화와 신뢰회복을 저해함으로써 국력 낭비를 가져온다는 입장이다.

이에 반해 보수주의적 견해는 남한의 경제적 우위에도 불구하고 군사 면에서는 미흡하고 불안 요인이 상존한다는 것이다. 북한이 화생무기, 유도탄 등을 강화하고 있는 점에 주목해야 한다. 군사력 약화는 대미의존도를 심화시키고, 자주적 통일 달성을 위해서는 주변국의 한반도에 대한 영향력을 견제하고 북한의 군사력을 조정·통제할 수 있는 능력을 완비할 필요가 있다. 평화적 통일 단계 실현 과정에서 군사력은 협상력과 안전을 보장하는 수단이다. 동북아 주변

• 국방부(1998), 『IMF시대의 국가안보와 국방비』를 참조하여 정리했다.

강국 간 역내 영토분쟁, 무력시위 등 잠재적 안보위협이 상존하며, 통일 이후에도 국익 수호를 위한 억제전력은 필수적이다.

이런 두 가지 견해는 현시점에서도 시사하는 바가 크다고 본다. 두 가지 견해 중 국방비 감축까지 이야기하는 진보적 견해는 현시점에서 소수의견으로 보인다. 저자는 보수주의적 견해에 대해서 상당한 정도 동의하며, 우리 사회에서 이런 견해에 대해 공감대가 있다고 판단한다. 최근 북한 핵 실험과 미사일 발사 등으로 안보적 위협이 커지는 상황에서, 우리 국방력을 더 굳건히 하기 위한 투자가 필요하다는 데 대해서는 상당한 공감대가 형성되어 있는 것으로 보인다.

저자 또한 지금까지 우리 안보태세를 굳건히 하고 자주국방을 실현하는 국방투자 확대가 필요하다고 주장해 왔다. 중단기적으로는 문재인 정부가 공약했던 국방비 GDP 대비 3% 수준의 국방비 증액은 추진해야 한다고 본다. 현재 윤석열 정부가 2023~27 국가재정운용계획에서 밝힌 2027년 국방비의 GDP 대비 비중은 2.5% 수준에 머물러 있다.

참여정부, 이명박 정부, 박근혜 정부, 문재인 정부의 연평균 국방비 증가율을 구해 보면 각각 8.9%, 5.2%, 4.1%, 6.3%이다. 참여정부는 진보정권으로서 복지 확대를 추진하면서도, 노무현 대통령은 자주국방을 위한 국방개혁과 국방비 증액을 추진했다. 이를 통해 전시작전권 환수 문제를 공론화했다. 이는 시대의 흐름에 맞는 올바른 정책 결정이었다고 판단한다. 이후 보수정권인 이명박 정부와 박근혜 정부에서 국방비 증가율은 오히려 낮아졌다가 문재인 정부에서 약간 높아졌다. 윤석열 정부의 2023~27 국가재정운용계획상의 연평균 국방비 증가율은 3.6%로, 박근혜 정부보다 낮다.

일반적으로 보수정권은 국방력 강화를 주장하는데, 이명박 정부와 박근혜 정부에서 오히려 국방비 증가율은 낮아졌다. 이는 기본적으로 참여정부와 문재인 정부는 진보정권이면서 자주국방 강화와 전시작전권 환수를 내세웠기 때문에 국방비 증가율이 높았던 반면, 이명박 정부와 박근혜 정부에서는 감세정책과 증세 없는 정책으로 세입이 제한되어서 재정규모 증가율 자체가 낮았기 때문이다.

최근 우리나라 보수정권들은 기본적으로 국방력 강화를 내세우지만, 한편으로 감세와 작은정부를 운용하면서 돈이 없어서 국방비 증액도 별로 하지 못하고, 동시에 안보를 위해서는 한미동맹 강화를 더욱 강조하고 있는 것으로 보인다. 그러나 한미동맹 강화 등 안보에 있어 국제적 공조의 중요성을 결코 부정하지 않으나, 우리는 기본적으로 자주국방의 힘을 갖추어야 하고, 그러기 위해서는 국방투자를 확대해야 한다. 이 역시 돈이 있어야 가능하다.

국방예산 지출구조의 개선

국방예산은 크게 경상비 성격의 전력운영비(운영유지비, 전력유지비+병력운영비)와 국방전력 증강을 위한 투자비 성격의 방위력개선비로 나뉜다. 2024년 국방예산 59.4조 원 중 전력운영비는 41.8조 원이고, 방위력개선비는 17.7조 원이다. 국방예산에서 방위력개선비가 차지하는 비중은 30% 수준으로, 이 비율은 오랫동안 30% 내외 수준이었고, 최근 약간 하락했다. 방위력개선비에는 무기체계획득비(13.8조 원)뿐 아니라 국방기술개발비(3.2조 원), 방위산업육성비(0.2조 원) 등이 포함된다.

전력을 유지하고 병력을 운영하는 비용도 국방력 유지 및 증대를 위해 필수불가결하나, 국방전력 강화의 요체는 무기체계를 획득하고 국방 부문에서 최첨단기술을 개발하며, 그 과정에서 방위산업을 육성하는 것이다. 이를 위한 방위력개선비의 증가는 첨단기술 개발과 방위산업 육성을 통해 경제성장에도 기여할 수 있으며, 실제로 방위력개선비 증가가 경제성장에 긍정적 효과를 보인다는 실증분석 결과도 있다.• 역대 정부의 방위력개선비 평균증가율은 참여정부 13.0%, 이명박 정부 5.7%, 박근혜 정부 4.8%, 문재인 정부 6.6%로, 참여정부의 방위력개선비 증가율이 가장 높았다.

저자가 한국개발연구원(KDI)의 재정팀 연구위원으로 재직했을 때 수행한 여러 프로젝트 중에 지금도 뜻깊게 생각하는 프로젝트가 하나 있다. 1996~1997년에 수행한 'KTX-2 개발사업 타당성 분석'이라는 프로젝트였다. 지금 KTX라고 하면 고속열차를 떠올리겠지만, 여

• 황성현(1998), 「국방예산의 국민경제적 효과분석과 지출구조 개선방안」, 『KDI 정책연구』 제20권 제3·4호 참조.

기서 KTX-2는 이 타당성 분석을 거쳐 우리나라가 세계 열두 번째로 개발한 초음속 항공기인 고등훈련기(T-50)를 지칭한다. 2003년에 초음속 돌파 비행에 성공하고, 2005년부터 양산에 들어갔다. KTX-2 개발사업은 당시로는 엄청난 규모의 국방 R&D 사업으로, KDI가 중심이 되어 이 사업의 타당성을 검토했고, 그 연구팀의 실무책임자를 맡았었다.

국방개발사업이어서 이에 대해 자세한 언급은 할 수 없으나, 이 사업의 추진 여부는 문민정부 말기에 최고의 관심사 중 하나였고, KDI의 검토를 거쳐 우여곡절 끝에 이 사업은 추진하는 것으로 결정되었다. 이후 개발에 성공해서 2005년 12월에 우리 공군에 고등훈련기를 납품하기 시작했고, 이를 개조한 경공격기 FA-50도 실전 배치했다. 최근에 많이 보도된 바와 같이 T-50, FA-50 등의 개량 기종이 인도네시아, 이라크, 필리핀, 태국, 폴란드 등에 수출되고 있다. 이렇게 우리나라는 세계에서 여섯 번째로 초음속 훈련기를 수출하는 나라가 되었고, 현재는 세계 최대의 훈련기 시장인 미국 진출을 타진하고 있다.

한마디로 이 사업의 결과는 '대박'이었고, 현재 우리는 K-방산이라고 부를 만큼 여러 분야의 방위산업에서 괄목할 만한 실적을 보이고 있다. 이런 방위산업 발전의 하나의 중요한 초석이자 이정표 역할을 했던 사업이 고등훈련기 개발사업이었다고 할 수 있다. 고등훈련기 개발사업은 이후 차세대 전투기 개발사업(KF-X)을 거쳐 초음속 전투기인 KF-21 보라매의 개발로 이어졌다. 현재 국방 부문은 최첨단기술을 개발하고 수출을 늘리는 하나의 중요한 산업의 역할도 수행하고 있다.

우리가 국방력을 키우고 자주국방 태세를 굳건히 해나가는 과정에서 국방비 지출을 늘려야 하고, 그중에서도 방위력개선비 비중을 늘려 나가야 한다. 방위력개선비의 규모 증대와 효율적인 집행을 통해 무기체계를 고도화하고, 그 과정에서 첨단기술을 개발하고 방위산업도 더 키워 나가야 한다. 방위산업을 육성하는 것은 국방을 담당하는 정부의 책무이다. 앞의 KTX-2 개발사업과 그 후속 사업들과 같은 성공사례들을 계속 만들어 나가야 한다.

방위력개선비 중심의 국방비 증액을 위해서도 앞서 여러 차례 강조한 대로 큰정부와 증세가 필요하다. 6장에서는 증세의 중요한 한 가지 방법으로 1975~1990년에 운용했던 '방위세' 제도를 재도입하는 방안을 제안한 바 있다. 소득세, 법인세, 상속·증여세 등에 대한 부가세 형태로 연간 10조~20조 원 수준으로 운용할 것을 제안했다. 방위세를 일명 자주국방세(전시작전권 환수를 위한 투자재원 조달)로 도입하는 방안도 검토할 만하다. 이러한 방안은 국방투자 재원의 별도 확보를 통해 재정운용 전반의 재원 확충에 기여할 것이며, 증세 추진의 국민적 합의를 도출하는 데 있어서 타 대안보다 우월한 방안이 될 수 있을 것이다.

병사 봉급 인상의 문제점

지금까지 방위력개선비를 중심으로 국방비 증액이 이루어져야 한다는 점을 강조했다. 물론 무기체계를 획득하면 그에 걸맞는 운영유지비가 적절히 확보되어야 그 무기체계를 제대로 활용할 수 있는 것은 당연하다. 그런데 최근 국방예산 운용에서 한 가지 중요한 문제점은 국방력 증대와는 별 관계가 없는 '병사 봉급 인상'을 급격하게 추진하는 것이다.

문재인 정부 초기인 2018년에 병사 봉급을 2배 인상해서 병장 봉급이 21.6만 원에서 40.6만 원이 되었고, 윤석열 정부는 병장 봉급을 2027년까지 205만 원으로 인상할 계획이다. 이는 윤석열 대통령의 대선공약이었다. 2024년 국방비 예산에서 병장 봉급은 130만 원에서 165만 원(사회진출지원금 포함)으로 인상된다.

병사의 사기진작과 복지 증진을 위한 어느 정도의 처우 개선은 필요성이 인정되나, 현재와 같은 인상은 병역의무에 의한 징병제하의 병사에 대한 처우 개선으로는 지나치게 파격적인 인상이다. 2017년 병장 봉급이 21.6만 원이었는데, 그 10년 후인 2027년에 205만 원으로 10배 가까이 올리는 것은 지나치다. 이는 모병제 수준의 정책으로, 징병제하에서는 포퓰리즘적 정책으로밖에 볼 수 없다.

이렇게 봉급을 올리는 만큼 우리 국방력이 강화되지 않는다. 이렇게 병력운영비를 많이 쓰면 한정된 재원 중 방위력개선비로 투입되는 부분은 줄어들 수밖에 없고, 국방력 강화가 제약될 것이다. 그리고 이 문제는 병사 봉급문제에 그치지 않는다. 병장 봉급이 200만 원 수준이 되면 군부사관과 일부 장교들 봉급과의 역전 현상이 발생하고, 이는 다른 병력에 대한 봉급 인상으로 이어진다.

병사 봉급 인상은 군 병력 구조에도 악영향을 미친다. 예컨대, 벌써 군부사관이나 ROTC 장교 모집이 잘 되지 않는다고 한다. 병역의무로 군대에 가는 병사 월급이 200만 원 수준이 되면, 이는 최저임금과 일부 기업 근로자들의 임금에도 영향을 미칠 것이다. 결론적으로, 병사 봉급의 급격한 인상은 잘못된 정책이다. 이런 목적으로 쓰자고 방위세 재도입과 국방비 증액을 이야기하는 것이 아니다.

4. 공공일자리 확대

공공일자리 확대에 대한 인식의 전환

첨단기술의 비약적 발전은 경제가 성장해도 일자리가 늘지 않는 시대를 초래했다. 최근 사회안전망이 부족한 우리 현실에서 생계를 위한 노인들의 경제 활동은 늘고 있지만, 청·중년들의 좋은 일자리는 부족한 상황이다. 이런 일자리 문제에 적극적으로 대응해서 정부와 공공부문이 일자리 창출의 최후의 보루로서의 역할을 수행해야 한다. 이에 대한 발상과 인식의 전환이 필요하다.

공공부문의 비효율 문제도 있지만, 우리가 늘 작은정부를 운용하면서 재원 부족으로 공공부문에서 꼭 필요한 인력도 확보하지 못한 부문도 많다. 비효율은 줄이되, 필요한 인력은 확충해야 한다. 한 경제체제의 효율적 자원배분을 위해서는 민간(시장)에서 제대로 공급되지 않는 공공재·가치재·공공서비스의 공급이 적절히 이루어져야 하고, 그 과정에서 관련 인력을 충원하는 것은 당연히 필요한 것이다.

민간에서 충분히 담당할 수 있는 영역에서 공공인력을 늘리는 것이 아니라, 민간에서 제대로 담당하지 못하는 영역에서 공공일자리를 늘리자는 것이다. 민간이 할 수 있는 영역에 공공부문이 개입하고 있으면, 그것은 당연히 줄여야 한다. 그런데 주변에서 흔히 이야기하는

'좋은 일자리는 민간에서 만드는 것'이라는 주장은 적절치 않은 측면이 크다. 민간이 역할을 제대로 못 하거나, 민간만으로는 부족하기 때문에 그러한 영역에서 공공부문이 역할을 하게 하자는 것이다. 민간이 제대로 못하는 시장실패 영역에서는 공공부문도 좋은 일자리를 만든다.

현재 우리 사회 곳곳에서 정부와 재정의 역할에 대한 잘못된 인식과 편견이 '민간은 선, 공공은 악'이라는 프레임으로 나타나고 있다. 그러나 시장과 정부의 역할이 구분되어 따로 있는 것이고, 시장이 아무리 발전되어도 제대로 할 수 없는(시장실패) 일을 공공이 하는 것이다. 시장이 역할을 제대로 할 수 없는 영역에서 만들어지는 공공일자리도 얼마든지 좋은 일자리이다. 시장이 만드는 좋은 일자리도, 공공이 만드는 좋은 일자리도 있는 것이다. 어느 것이 더 좋은 것인가의 문제가 아니다. 각각의 역할 구분에 따른 기능 수행 차원에서 문제를 보아야 한다.

공공일자리는 '세금으로 만드는 일자리'라서 비판을 받고 있다. 그런데 공공일자리는 세금과 공공요금으로, 민간일자리는 상품 가격과 민간요금으로 충당되는 것은 너무나 당연하다. 늘 작은정부를 운용한 나라에서, 그래서 공공부문의 상대적 인력 규모도 작은 나라에서 필요한 분야의 공공일자리를 늘리는 정책은 꼭 필요한 것이고, 그렇게 비판받을 일이 아니다.

공공일자리 확충 분야

우리나라의 공공부문 인력 비중은 선진국에 비해 크게 낮다. 2015년 기준으로 전체 일자리 중 공공부문 비중은 OECD 평균이 21.3%이고 우리나라는 8.6%이다. 2016년에 인구 1,000명당 공무원 수는 OECD 83.1명, 우리나라 32.9명이다. 이러한 비교에서 나라별 제도의 차이에 따른 차이가 있을 수 있으나, 현재 알려진 통계에서 그 격차가 매우 큰 점을 감안하면 우리 공공부문 인력 비중이 작다는 기조적 판단에는 문제가 없는 것으로 보인다.•

그간 조세정책의 실패로 필요 인력을 위한 재원 확보에 실패했다는 점을 인식해야 한다. 공공서비스의 수준도 낮은 편이다. 공공인력 확충은 비용을 증가시키지만 공공서비스의 양적·질적 확충으로 국민 삶의 질을 제고할 수 있다. 적절한 영역을 선택하면 비용보다 높은 편익 창출이 가능하면서, '일자리'가 창출된다. 현재의 인턴·교육 지원 방식의 일자리 예산과, 실효성이 의심되는 고용장려금 형태 재정 지원의 상당 부분을 '직접 공공일자리' 예산으로 전환할 필요가 있다.

대표적으로, 경찰, 소방관, 군부사관, 사회복지사, 식품안전관리 인력, 근로감독관, 소비자 보호 인력, 환경보호 인력, 공공병원의 의

• 황성현(2017), 「새 정부의 조세·재정개혁 과제」, 한국재정학회 추계정기학술대회 발표자료 참조.

사·간호사, 요양보호사, 장애아동돌보미, 연구인력 등의 분야에서 좋은 일자리를 창출해야 한다. 경찰의 경우 우선 의경제도 폐지에 따른 인력을 정규 경찰관으로 대체하여 치안서비스 수준을 높여야 한다. 소방관의 경우 업무 여건 개선과 서비스 수준의 제고를 위해 증원이 요구된다. 국방전력 강화에 있어 군부사관의 증원도 중요한 과제이다. 군입대 자원의 감소에 따라 직업군인의 확충을 보다 전향적으로 추진해야 한다. 업무가 과중한 사회복지사의 증원은 업무 여건 개선뿐 아니라 사회복지예산 누수 방지에도 기여할 것이다.

최근의 여러 식품안전 관련 사건에서 보듯이 식품안전 점검·관리 인력을 확충하는 것은 국민건강을 지키고 식품의 안전성 제고로 식품 수요를 확충할 것이다. 산업 현장의 재해 발생을 줄여 국민 안전을 도모하기 위해서 근로감독관을 확충하는 것도 필요하다. 이제 새로운 발상의 전환으로 오랫동안 생산자·공급자 위주의 정책에서 소비자·수요자 중심의 정책으로 전환하면서 소비자 보호 및 국민 생활 안전 관련 인력도 늘려야 한다. 그리고 환경 문제가 날로 심각해지는 현실에서 환경 보호·관리를 담당하는 인력도 더 늘려야 한다.

의사, 간호사 등 의료 부문 전반의 인력 확충도 시급하며, 공공병원이나 지방대학병원 등의 인력을 확충해야 한다. 의료 분야의 전문인력 부족이 초래한 많은 문제들에 대해서는 사회적 공감대가 형성되어 있는 것으로 보인다. 일부 의사들의 집단행동에 의해 의대 정원 확대라는 꼭 필요한 정책 결정이 철회되거나 왜곡되어서는 안 된다고 본다. 만일 의사들의 개인적인 이해관계에 따라 의대 정원 확대를 막기 위한 집단행동을 하는 것이라면, 그것도 환자의 생명과 건강을 담보로 그런 행동을 한다면, 이는 지극히 반지성적인 행동이라고 생각한다.

고령화 시대에 대비하고 치매 환자 등의 간병서비스의 질을 높이기 위해 요양보호사 인력 확충도 필요하다. 발달장애인, 뇌병변장애인 등 장애인들을 돌보는 전문인력도 더 필요하다. 앞에서 제안한 대로 치매환자나 발달장애인, 뇌병변장애인 등에 대한 국가적 책임을 강화하는 과정에서 관련 인력을 확충해야 한다. 한편, 과학기술계 및 인문사회계 전반의 국가 및 지자체 산하 연구기관의 전문인력을 확충하는 것이 과학기술 개발과 정책과제 수행의 생산성을 높일 것이다.

일반적으로 공공부문 인력을 늘리는 데에는 거부감이 많이 있는 편이다. 일부 철밥통이라 불리는 비효율적인 행태를 보이는 부문도 분명 있고, 세금을 더 내야 하는 부담도 있기 때문이다. 그러나 지금까지 열거한 분야는 모두 비록 세금이 더 들더라도 인력을 확충해야 한다고 판단되는 분야이다. 이 분야 공공인력 확대는 공공서비스의 양적·질적 확충으로 경제의 생산성과 국민 삶의 질을 높이고 좋은 일자리를 늘릴 것이다.

앞에서 열거한 기능 수행·집행 위주의 공공인력뿐 아니라 정책을 기획하는 중앙행정 부처 중에도 인력이 더 필요한 부서들이 있다. 예를 들어, 재정당국인 기획재정부 예산실의 예를 보자. 정부의 예산편성을 전담하는 예산실 업무의 중요성은 재차 강조할 필요가 없다. 현재 예산실 조직은 1실장, 5심의관, 23과 체제로, 인원수는 190명 정도다. 여기에는 행정보조 인력도 포함된다.

단순계산을 해보면 2024년 총지출(예산안) 656.9조 원에 대한 1인당 예산편성 담당 액수는 3.5조 원에 달한다. 예를 들어 국방비 예산편성 총액이 59.6조 원인데, 이를 5명의 방위사업예산과 담당자와 6명의 국방예산과 담당자가 맡고 있다. 1인당 국방비 예산편성액은 5.4조 원이다. 이것이 예산편성 인력 운용의 현실이다.

이렇게 예산실 인원수가 적은 것은 공무원 수 증원에 대한 거부감과 더불어 재정당국인 기재부는, 특히 예산실은 다른 부처 등에 예산 절감의 솔선수범을 보여야 한다는 오랜 인식 때문이다. 그런데 이런 인원으로 그 방대한 예산편성 업무를 담당하는 것이 과연 국민에게 도움이 되는 것일까 생각해 보아야 한다.

예산을 편성하려면 각 부처가 요구하는 예산사업 관련 자료들을 일일이 점검하고 검토해서 늘릴 것은 늘리고 삭감할 것은 삭감해야 한다. 불필요하고 우선순위가 떨어지는 사업은 없는지, 사업의 기대효과가 분명한지, 사업방식이 적절한지, 다른 사업과 중복되는 사업은 없는지, 기준단가 등은 제대로 적용되었는지 등 검토해야 할 사항이 한둘이 아니다. 이를 제한된 기간 내에 적은 인원으로 제대로 검토하는 것은 거의 불가능하다. 1인당 수조 원이 넘는 예산사업을 제대로 검토하는 것은 거의 불가능하다고 본다.

이런 문제를 객관적으로 평가하는 방법으로 간단한 비용편익분석(B/C 분석)을 생각해 보자. 비용편익분석이란, 간단히 이야기하면 어떤 사업의 편익(좋은 점)과 비용(나쁜 점)의 비율(편익/비용)을 구해서, 그 비율이 1보다 크면 그 사업의 경제성이 있고, 1보다 작으면 경제성이 없다고 판단하는 분석 방법이다.

예를 들어 예산실에 사무관급 인력을 1명 충원하는 비용이 연간 7,000만 원이라고 가정하자. 그 직원이 자신이 담당하는 수조 원에 달하는 예산사업 관련 자료들을 보다 꼼꼼히 살펴보고 면밀히 분석해서 불필요한 사업을 연간 700억 원만 줄였다고 해도, 이 인원충원 사업의 B/C 비율은 1,000이 된다. 경제성이 있는지 여부를 판단하는 B/C 비율=1이라는 기준을 이 정도로 뛰어넘는다. 이런 사업을 하지 않을 이유가 없다. 공공부문 인력 확충이나 공무원 수 증대에 반대만 할 일은 아니다. 필요한 인력은 증원해야 한다. 물론 비효율이 있는 부문의 인력을 줄여야 하는 것은 당연하다.

5. 지역화폐 비판

지금까지 복지, 교육, 국방, 공공일자리 등의 분야에서 재정 확대의 필요성과 개선과제에 대해 이야기했다. 여기에서는 이들 분야에 비하면 아주 작은 분야이지만 최근 많은 논란이 있었던 재정 이슈로 지역화폐에 대한 세금 지원 문제를 살펴보겠다.

세금 지원 규모는 상대적으로 작지만 지역화폐는 2020년 이래 최근까지 상당히 큰 논란을 일으켰고, 얼만 전까지도 전국에 걸쳐 상당히 많은 수의 국민이 사용했던 지불수단이다. 현재도 상당한 정도 사용되고 있다. 이 문제가 중요한 것은 한마디로 조세·재정운용의 기본원리에 비추어 지역화폐에 대한 세금 지원, 특히 국비 지원은 '세금을 그렇게 쓰면 안 된다.'는 것을 보여 주는 좋은 사례이기 때문이다. 그 이야기를 하고자 한다.

지역화폐의 현황

지역화폐란 일정 지역 내에서 일정 요건을 갖춘 지역가맹점에서만 사용이 가능한 상품권(예: 경기지역화폐, 인천e음, 서울사랑상품권 등)이다. 정식 명칭은 지역사랑상품권이다. 일정 지역에서만 사용 가능하게 해서 소비의 지역외 유출을 차단하여 지역경제를 활성화하고, 대형 유통업체(백화점, 대형 마트, 대형 체인점 등)에서는 사용할 수 없도록

하여 소위 골목상권과 소상공인을 보호하고자 하는 목적으로 발행하는 지불수단이다.

지역화폐의 유통은 할인발행과 정책발행의 두 가지 방식을 활용한다. 할인발행의 경우, 10% 할인된 금액으로 발행하고(100만 원짜리 상품권을 소비자는 90만 원으로 구매), 이 중 8%를 국고보조금으로 지원하고, 2%는 지자체에서 부담하는 구조(2020년 당시 기준)이다. 이런 할인 방식에서 대규모 재정 지원 소요가 발생하는데, 사실 이런 재정 지원이 없다면 지역화폐가 그렇게 대규모로 유통될 수 없는 구조이다. 여기서 살펴볼 핵심 주제는 세금을 이렇게 쓰는 것이 맞는지, 그리고 이렇게 세금을 쓴 효과가 제대로 나타나는지 여부에 대한 것이다.

정책발행의 경우, 현금성 복지 혜택(출산지원금, 청년배당 등)을 지역화폐로 대체하여 지급하는 것이다. 이 경우 세금 지원 문제는 없고, 사용지역·구매처 제한으로 소비자의 불편과 후생 감소 문제가 발생한다.

최근 거의 모든 지자체에서 지역화폐를 발행하고 있고, 발행액이 비약적으로 증가했다. 지역화폐 발행액은 2016년에 53개 단체 1,168억 원에서 2020년에는 229개 단체 9조 원 규모로 비약적으로 증가했다. 2020년에 중앙 및 지자체의 지역화폐에 대한 보조금은 9,000억 원 규모이다. 2021년 발행 규모는 15조 원이고 이에 대한 국고보조금만 1조 500억 원 수준이다. 이렇게 2021년까지 지역화폐에 대한 국비 지원 규모가 크게 증가했다.

이후 2022년 예산으로 정부는 당초 2,403억 원을 편성했으나 국회 심의 과정에서 6,053억 원으로 증액되었다. 윤석열 정부 들어 2023년과 2024년 예산안에서 정부는 지역화폐 국비 지원 예산을 전액 삭감했으나, 국회 심의 과정에서 각각 3,525억 원, 3,000억 원으로 증액되었다. 당시 정부는 지역화폐 국비 지원이 부적절하다고 판단했지만, 민주당 등 야당 정치권을 중심으로 예산 증액 요구가 강력하게 제기되어 부분적으로 관철되었다. 여전히 정치권을 비롯해 많은 사람들이 지역경제 활성화와 소상공인 지원을 명분으로 지역화폐에 대한 재정 지원 확대를 요구하고 있다.

지역화폐의 문제점

지역화폐의 근본적인 문제점은 지역화폐의 효과가 일종의 제로섬 게임의 성격을 갖는다는 것이다. 지역화폐 사용으로 한 지역에서 역외 유출이 줄어 그 지역에 도움이 된다면, 이는 다른 지역의 손해를 의미한다. 따라서 지역화폐의 첫 번째 목적인 지역경제 활성화 효과는 '국민경제적' 차원에서 존재하지 않는다.* 지역 간 유출과 유입 정도에 따라 지역별로 손해·이득이 발생하지만, 국민경제 전체적으로는 서로 상쇄되는 효과이다. 이런 구조를 갖는 정책을 위해 예산을,

---

* 송경호·이환웅(2020), 「지역화폐의 도입이 지역경제에 미친 영향」, 한국조세재정연구원에서는 지역화폐의 문제점을 잘 분석하고 있다.

그것도 국비 예산을 쓸 이유는 없는 것이다.

역외 유출과 유입 정도가 비슷한 어느 지역이 있다고 하자. 이 경우 지역화폐의 지역 내에서의 효과도 제로섬 게임의 성격을 갖는다. 지역화폐의 할인 혜택을 누리고자 지역 내 대형 마트에서 소비하던 것을 동네 슈퍼에서 사용하면, 지역 내 대형 마트는 손해를 보고 동네 슈퍼는 그만큼 이득을 본다. 대형 마트 상권도 지역 내 경제 활성화를 위해 중요한 역할을 한다는 것을 인정한다면, 지역화폐를 통해 지역경제 활성화를 이룬다고 할 수 없다. 소비자가 어차피 소비할 것을 지역화폐로 소비한다면, 정부가 그 10%만큼 보조금을 준 효과를 제외하면 지역 소비가 더 늘어나는 것은 없다.

많은 경우 지역화폐가 지역경제 활성화에 도움이 된다고 인식하는 것은, 그간 역외 유입이 많았던 지역과 비가맹점에서는 불리하다는 것을 무시한 채, 지역화폐 결제가 늘어서(다른 지불수단 결제가 줄어도) 이것이 도움이 된다는 소상공인의 인식과, 무엇보다도 2021년의 경우 1조 원이 훨씬 넘게 풀린 정부·지자체 보조금의 효과를 포함해서 그 효과를 보기 때문이다. 특히 수많은 소비자 입장에서는 지역화폐 구입액의 10% 정도의 '혜택'을 누리기 때문에 지역화폐 정책은 매우 인기 있는 정책이고, 정치인과 지자체장 등에게는 포기할 수 없는 정책이 되는 것이다.

그런데 예컨대 1조 원 규모의 정부 보조금을 통한 지역경제 활성화 정책은 동일액의 다른 예산사업이 가져오는 파급효과와 비교하여 그 효과를 파악하고, 이 중 더 나은 정책을 채택해야 한다. 소비자가 '자기가 필요한 상품이나 서비스'를 구매하는 데 지급하는 '이유 없는(자원배분의 효율성 측면)' 지역화폐 보조금과, 일반적으로 외부경제효과가 커서 시장에 의해서는 과소공급되는 재화·서비스(예: 지방도로, 공영주차장, 공원, 도서관 등)를 공급하는 재정 지원 중 어느 것이 바람직한지 판단해야 한다.

총수요 증대의 최초 효과는 1조 원으로 동일하면서, 당연히 후자가 자원배분의 효율성을 제고한다. 필요한 지방도로나 공영주차장 등을 건설하면서 1조 원을 지출하면, 그 돈이 풀린 승수효과만큼 총수요를 증대시키는 것은 동일하나, 이 경우에는 필요한 도로와 주차장이 공급되고, 그것을 편리하게 이용하는 사람뿐 아니라 그 주변 사람들도 혜택을 누린다. 이런 이유로 재정을 투입해서 그런 재화나 서비스를 제공하는 것이다. 골목상권을 살리기 위해서는 주변 도로를 정비하고 공영주차장 등을 건설하는 것이 훨씬 효과적인 지원책이다.

일반적으로 소비자 본인이 필요해서 구매하는 상품이나 서비스에 대해 보조금을 지급할 이유는 없다. 보조금 지급이 필요한 경우는 그 소비가 외부적 파급효과가 있거나(예: 교육, 의료 등), 그 소비자가 빈곤계층이어서 형평성 차원에서 지원하거나, 경기가 너무 나빠서 일시적으로 소비를 진작하는 경우들이다. 그런데 지역화폐 정책이 빈곤계층인 소비자를 지원하는 정책이 아님은 자명하다. 그리고 앞서 이야기한 대로 경기진작을 할 때는 자원배분의 효율성도 높이면서 동일액을 지출하는 방법이 더 우월한 방법이다.

그런데 지역화폐를 찬성하는 측에서도 지역화폐가 국민경제적 생산증대 효과가 없다는 것을 인정하는 것으로 보인다. 그러면서도 지역경제 활성화 효과가 있다는 주장을 위해 제시하는 논리는 다음과 같은 소위 '서울 본사론' 논리이다.

> 백화점, 대형 마트, 대형 체인점 등의 본사는 서울에 있어서, 이런 데서 소비하면 그 이익금이 서울로 빠져나간다. 그러므로 골목상권에서 소비하는 것이 지역경제를 활성화시킨다.

백화점, 대형 마트 등에서 소비하면 돈이 본사가 있는 서울로 빠져나가지만, 골목상권에서 소비하면 그렇지 않다는 것이다. 이런 주장에 대해 같은 논조로 반박하면 다음과 같다.

> 서울 사람이 물건을 사서 돈을 번 서울의 대형 유통업체가 돈을 더 벌기 위해 지방에 백화점, 대형 마트 등을 건설하는 데 투자했고, 이는 일반적으로 고용 창출, 지역상권 활성화, 주거단지 가치 증대 등을 통해 지역경제 활성화에 큰 도움이 된다. 보통 지자체들은 이런 투자를 유치하는 것이 숙원사업이고, 투자유치를 위해 인센티브를 제공하기도 한다. 그리고 모든 투자자처럼 이 업체도 투자의 이익을 회수해 가는데, 서울 본사론은 이를 지켜보면서 이제는 이런 투자가 지역에 불이익을 주는 것이라고 비판하는 것이다. 대형 유통업체가 어느 지역에서 큰 돈을 벌었다면, 회수한 이익으로 다시 그런 지역에 투자하게 될 것이다.

'서울 본사론' 같은 주장을 서울에 인접하고 일부 본사들이 소재하기도 한 경기도나 인천시는 하지 말아야 할 것 같은데, 이런 주장을 하면서 우리나라에서 지역화폐를 가장 선도적·공격적으로 도입한 지역은 경기도와 인천시이다. 이런 논리라면 최소한 서울은 지역화폐를 도입하지 말아야 하는데, 서울도 서울사랑상품권을 발행하고 있다.

한편, 지역화폐의 지역경제 활성화와 국민경제적 생산증대 효과가 없다는 점을 인정하는 경우에도, 대형 유통업체와 소상공인 간 분배 개선을 위해 형평성 차원에서 지역화폐가 필요하다는 입장이 있다. 즉, 약자에 대한 보호·지원을 위해 지역화폐가 필요하다는 것이다.

이에 대해 기본적으로 지적할 점은, 소상공인과 대형 유통업체 간 재분배정책으로서 지역화폐 정책은 여러 가지 문제를 가지고 있고, 다른 정책보다 열위에 있다는 것이다. 일반적으로 분배 개선 정책은 저소득계층·취약계층에 대한 직접적 지원정책으로 하는 것이 정상적이고 효과적인 방법이다. 사회안전망을 강화하는 것이 올바른 해법이다.

지역화폐 정책의 경우, 우선 지역화폐 가맹점의 기준 설정에 중대한 문제가 있다. 2020년 당시 인천시는 지역화폐 가맹점에 대한 매출 기준을 정하지 않고, 백화점, 대형 마트, 대형 체인점 등만 제외했다. 경기도는 그 기준을 엄격히 지켰는지 알 수 없지만, 가입 기준이 연매출 10억 원이었다. 많은 지자체들의 일반적 기준은 백화점과 대형 마트 등을 제외하는 것이었다.

그런데 경기도의 연매출 기준 10억 원도 매우 높은 것이다. 10억 원에 가까운 매출을 올리는 사업자를 '영세' 소상공인으로 칭하는 것은 잘못된 것이다. 어느 식당의 하루 매출이 300만 원이면 보통 TV 정보 프로그램에 나오는 대박집이다. 그런데 일 매출 300만 원을 연으로 환산하면 10억 원 정도 된다. 이런 사업자를 골목상권의 영세 소상공인으로 포장해서 세금을 지원하는 것은 잘못된 것이다. 이런 대박집일수록 더 많은 소비자들이 지역화폐를 사용하는 가맹점이었을 것이다. 만일 정말 어려운 소상공인을 지원할 목적이었다면, 백화점, 대형 마트 등을 제외하는 기준이 아니라, 연매출 2억~3억 원 정도를 기준으로 정했어야 한다. 이런 경우 지역화폐가 그렇게 수조 원 규모로 유통될 수 없었을 것이다.

더구나 지역화폐 보조금 정책은 부유한 소비자 계층에게 더 혜택을 주는 정책이다. 한 달에 지역화폐 100만 원을 구입하는 사람은 10만 원의 혜택을 누리고, 10만 원을 구입하는 사람은 만 원의 혜택을 누리고, 구입 못하는 사람에게는 혜택이 없다. 부유한 계층에게 더 큰 액수의 혜택이 가는 제도를 분배 개선 목적의 제도라고 할 수 없다. 소비 진작을 통한 경기 활성화를 위해서는 한계소비성향이 높은 저소득계층에 대한 지원을 늘리는 것이 더 효과적인데, 지역화폐 정책은 대박집 사장님이나 여유 있는 소비자 계층에게 혜택을 더 주는 정책이다.

만일 소상공인과 대형 유통업체 간의 재분배 문제라면 기존의 온누리상품권을 대상 가맹점을 확대해서 사용하는 것이 발행·관리비용을 줄이고 소비자 선택 폭을 넓혀서 보다 효율적이다. 가맹점을 전통시장 이외의 지역으로 늘리되, 이 경우에도 연매출 기준을 높지 않게(예컨대 2억~3억 원) 설정해야 할 것이다. 실제로 사용지역 제한이 없는 온누리상품권은 상대적으로 지역화폐보다는 우월한 정책 수단이다.

지역화폐에 대한 세금 지원 폐지

결론적으로, 지역화폐는 국민경제적 생산증대 효과와 지역경제 활성화 효과가 없다. 자원배분의 효율성 제고, 공평한 분배 개선, 그리고 경제 안정화 등 재정의 3대 기능 모두에서 효과적이지 않고 적절치 않은 정책 수단이다. 약자를 위한다는 구호와 여유 있는 소비자에게 더 나누어 주는 현금 혜택 때문에 인기 있는 정책일 뿐이다. 지역화폐에 세금을 투입하는 것은 조세·재정운용의 기본원리에 부합하지 않는다.

따라서 지역화폐 정책은 폐지되어야 할 정책이다. 이때 폐지되어야 할 지역화폐는 다른 여러 나라에서 지역적으로 운용되는 자생적 성격의 지역화폐(예를 들어, 영국의 브리스톨 파운드(BP), 일본의 200여 개의 지역화폐)가 아니라, '전 세계적으로 유일하게 세금을 대규모로 투입해서, 그것도 중앙정부 예산을 대규모로 투입해서 인위적으로, 그리고 지자체 간 경쟁적으로 급격히 발행 규모를 늘린 한국식 지역화폐'이다. 지역화폐에 대한 세금 지원은 폐지해야 한다.

만일 지역화폐 정책이 근본적으로 바뀌지 않고 지역화폐 발행액과 예산 지원 규모가 더 늘어나게 되면, 재정여건이 좋고 상권이 더 발달한 수도권 지자체가 더 많은 할인 혜택을 주면서 역외소비 유입이 늘어나 이득을 볼 것이고, 이는 지방균형발전에도 심각한 악영향을 미칠 것이다.

골목상권을 살리고 소상공인을 지원하는 보다 효율적인 정책은 다음과 같다. 우선 소상공인을 위한 직업·기술 훈련 지원을 늘리고, 골목상권 주변의 도로를 정비·확충하고 환경 정비사업 지원을 늘려야 한다. 특히 골목상권의 중요한 애로 요인인 주차난 해소를 위해 골목상권 주변에 공영주차장을 늘려야 한다. 골목상권 주변 지역에 소공원, 도서관, 복지관 등 지역 공공시설을 확대하는 것이 골목상권도 살릴 것이다. 사회복지체계를 정비해서 사업 실패자에 대한 사회안전망을 더욱 강화해야 한다.

정부나 지자체의 책무는 현금을 인기영합적으로 지원하는 것이 아니라, 이런 사업들을 제대로 수행하는 것이다. 이런 정책들이야말로 소상공인을 직접 지원하면서 지역경제를 살리고 국민의 후생을 증대시킬 것이다.

제8장
정부 및 재정개혁

지금까지 우리 경제를 살리고 국민 삶의 질을 제고하는 대안으로서 재정 기능을 정상화하는 큰정부와 증세의 필요성을 강조했다. 이때 큰정부와 증세의 기본 전제조건은 정부 및 재정운용의 효율성을 높여 정부와 재정에 대한 국민의 신뢰를 높이는 것이다. 그러한 정부개혁과 재정개혁 없이 국민에게 큰정부를 이야기하고 증세를 요구할 수 없다. 여기서는 정부 운영의 효율성을 높이기 위한 정부 기능 및 조직개편 방안과, 재정지출의 낭비를 줄이고 효율성을 높이는 재정제도 개선방안에 대해 논의하고자 한다.•

1. 정부 기능과 조직의 개편방안

정부 기능의 재정립과 조직개편의 기본방향

우리는 새로운 정권이 들어설 때마다 거의 예외 없이 여러 정부 부처들을 이리저리 통폐합하고 이름을 바꾸는 정부조직 개편을 수없이 보아 왔다. 정부 부처 이름이 자주 바뀌다 보니 가끔 부처 이름이 헷갈리기도 한다. 행정자치부인지, 행정안전부인지, 안전행정부인지 기억을 되살려보기도 하고, 국토교통부, 건설교통부, 국토해양부 등

• 여기서의 정부조직 개편방안 등은 정부 재정을 오랫동안 연구해 온 재정학자 입장에서, 정책 아이디어 차원에서 추후 검토하여 추진할 만하다고 생각하는 방안들을 제시한 것이다.

의 이름 중 어느 것이 맞는지 찾아보기도 한다.

사실 여러 부처 중 서로 연관된 인접 업무들을 수행하는 경우가 많고, 이를 어떻게 묶느냐에 따라 여러 가지 조합의 통폐합이 이루어질 수 있다. 새로운 정권이 들어서면 인수위 등을 거치면서 그 정권의 중점 정책방향을 살리고 새로운 출발을 알리기 위해 매우 짧은 시간의 검토를 거쳐 정부조직이 반복적으로 개편되어 왔다. 새로운 이름의 부처가 새로운 정권의 출발을 알리는 상징물 비슷한 것이었던 것 같다.

이제 유사하고 인접한 업무를 가진 부처들을 이리저리 묶어 보는 방식의 정부조직 개편은 지양해야 한다. 결국 정부는 거의 같은 기능과 업무를 하면서 공무원들 이사만 늘어나는 조직개편은 별 의미가 없고, 새 조직에 적응하느라 업무의 비효율과 낭비만 커질 수 있다. 정부조직 개편을 할 때 최우선적으로 검토해야 할 것은 시대 변화와 여건에 맞는 '정부 기능의 재정립'이다. 정부 기능을 제대로 정립하고, 그에 맞는 조직개편을 추진해야 한다.

우리나라 경제발전에서 1960년대 이래 개발연대는 길게 잡아도 1997년 외환위기를 맞으면서 막을 내렸다고 판단한다. 개발연대의 정부 주도형 재벌·대기업 위주의 경제개발이 가져온 구조적 문제들의 폐해가 누적되었고, 그 누적된 문제들이 달러가 부족한 유동성 위기와 겹치면서 1997년 외환위기가 초래된 것으로 보아야 한다. 그러한 위기를 극복하면서 정부도 경제 운용의 패러다임을 근본적으로 전환해야 했는데, 외환위기 이후에도 정부의 기능과 정책기조가 충분히 전환되지 못하고 있는 것이 중요한 문제이다.

다음 9장에서 자세히 이야기하고 있지만 이제 정부는 개발연대식 산업지원 정책에서 탈피해야 한다. 이런 기능은 이제 '시장의 힘'을 믿고 시장에 더 많은 것을 맡기고, 정부는 시장이 제대로 해결하지 못하는 사회 문제에 보다 집중해서 지혜를 발휘해야 한다. 저출산, 고령화, 양극화로 요약되는 인구·사회 문제 해결이야말로 정부가 그 기능과 정책역량을 집중해야 할 정책과제이다. 모든 정책의 초점이 '경제에서 사회'로 전환되어야 하고, 나아가서 '생산자에서 소비자'로, 그리고 '수도권에서 지방'으로 전환되어야 한다. 정부의 기능이 이런 방향으로 재정립되어야 하고, 그에 걸맞는 조직개편을 추진해야 한다.

현행 중앙행정기관 조직을 개관해 보면, 대통령 직속의 대통령비서실, 감사원, 국가정보원, 방송통신위원회 등이 있고, 국무총리 산하에 공정거래위원회, 금융위원회, 인사혁신처 등이 있다. 그리고 내각은 기획재정부 등 19개 부와 국세청 등 19개 청으로 구성되어 있다. 우리 헌법은 국무위원 수를 15인 이상 30인 이하로 하고, 행정각부의 장은 국무위원 중에서 임명하도록 규정하고 있다. 이런 규정에 비추어 현재 우리나라 행정부처의 수가 많다고 할 수는 없다.

앞서 논의한 정부 기능의 재정립 방향에 따라 정부조직 개편의 기본방향은 '사회부처 강화, 산업지원 부처 축소'가 되어야 한다. 이를 위해 기능이 강화되어야 할 부처들은 보건복지부, 국토교통부, 고용노동부, 환경부 등이다. 교육부의 경우 사회 문제 해결을 위한 교육정책의 중요성은 더욱 커질 것이나, 지방교육자치와 대학의 자율성 강화라는 틀에서 중앙행정기관으로서의 교육부 기능은 조정될 여지가 있는 것으로 보인다. 산업부처의 경우 산업통상자원부와 중소벤처기업부, 그리고 각 부처 내 산업지원 부서의 기능을 축소 조정하는 것이 필요하다고 본다.

사회부처 개편방안

사회부처 기능을 강화하는 데 있어 우선 조정이 필요한 제도는 사회부총리 제도이다. 현행 정부조직법에 의하면 국무총리가 특별히 위임하는 사무를 수행하기 위해 2인의 부총리를 두고, 부총리는 기재부 장관과 교육부 장관이 겸임한다. 통상 경제부총리, 사회부총리로 칭한다. 여기서 제안하는 것은 사회부총리를 교육부가 아닌 다른 사회부처 장관으로 임명하는 방안이고, 이 경우 현행 체제에서는 보건복지부 장관을, 그리고 뒤에서 제안하는 대로 보건복지부를 분리해서 인구복지부(가칭)를 신설한다면 인구복지부 장관을 사회부총리로 임명하는 방안이다.

사회 문제 해결을 위한 교육의 기능은 매우 중요하다. 그러나 초중등교육은 지방교육자치제하에서 이루어지고, 대학의 자율성이 강화되어야 하는 상황에서 교육부가 사회부처 전체를 총괄하는 것은 효율적이지 못하다. 사회복지의 중요성이 날로 커지고 인구 문제가 최대 현안이 되고 있는 상황에서, 인구와 복지 문제를 담당하는 부처에서 사회부처 전반을 총괄하는 것이 바람직한 조직개편 대안이라고 판단한다.

사회부처 기능을 강화하는 첫 번째 방안은 현행 보건복지부를 복지와 보건으로 분리해서, 복지정책과 인구 문제의 컨트롤타워 기능을 수행하는 인구복지부(가칭)를 설립하고, 기존의 보건의료정책 기능을 강화한 별도 부처로 보건의료부(가칭)를 설립하는 방안이다. 현재 보건복지부는 1차관 소속으로 복지·인구 정책 업무를, 2차관 소속으로 보건의료, 건강보험, 건강정책 등의 업무를 수행하고 있다. 이를 분리해서 그 기능을 강화하는 확대 개편을 하자는 것이다.

현재는 대학에 비유하면 인문사회계와 이공계 정책 업무를 한 부처에서 담당하고 있는데, 이를 분리해서 확대하는 것이 정책 기능을 향상하는 데 도움이 된다고 본다. 특히 현재 저출산 대책의 컨트롤타워 기능이 약하다는 비판이 있는데, 부총리급 부서로 인구복지부를 신설하는 것이 이런 비판의 대안이 될 수 있을 것이다.

다음으로 현행 국토교통부를 국토주택부(가칭)와 교통부(가칭)로 분리하는 방안을 제안한다. 현재 국토교통부는 1차관 소속으로 국토, 주택, 건설 정책을 수행하고, 2차관 소속으로 교통물류, 항공, 철도, 도로 정책 업무를 수행하고 있다. 이를 분리하되, 특히 국토주택부 설립으로 당면한 사회 문제 중 중요한 정책과제로서 주택 문제를 해결하는 정책 기능을 강화하자는 것이다. 저출산 문제 해결을 위해서는 양질의 공공주택 등을 충분히 공급하는 과제가 매우 중요하다. 또한 국토주택부를 설립하면서 현행 국토정책에서 '지방을 살리는 지역정책' 기능을 대폭 강화하는 개편이 요구된다. 지방을 살리는 정책이 국토균형발전뿐 아니라 핵심적인 출산 대책이기도 하다.

이외에도 환경 보호 기능, 소비자 보호 기능, 그리고 근로자 안전을 위한 관리·감독 등을 강화하는 방향으로 관련 부처의 기능과 조직이 개편되어야 할 것이다.

산업부처 개편방안

앞으로 축소해 나가야 할 정부 기능은 개발연대식 산업지원 기능이다. 이제 정부가 나서서, 정부가 주도해서 산업을 지원하는 기능은 대폭 축소해야 한다. 산업에 대한 각종 정책금융, 세제지원, 재정지원 등을 줄여 나가야 한다. 정부는 여전히 개발연대식 산업지원의 타성에서 벗어나지 못하고 있는 것으로 보인다. 정치권은 중소기업이건 대기업이건 산업을 지원하는 것이 당장의 어려움을 피하고 단기적이고 가시적인 성과를 얻을 수 있다고 보고, 늘 산업을 지원하자는 목소리를 높이고 있다. 이제 이런 것부터 바꿔야 한다.

개발연대에는 우리 산업이 취약했고, 많은 부문이 유치산업 단계에 있었으므로 정부 주도의 지원이 필요했고 효과도 컸다. 그러나 이제는 많은 것들을 시장에 맡겨야 한다. 성숙한 자본주의 시장체제에서 산업을 지원한다고 산업이 발전하지 않는다. 많은 경우에, 정부가 지원하지 않아도 기업의 이윤극대화에 도움이 된다고 판단되면 기업은 스스로 투자를 늘릴 것이다. 시장이 제대로 작동하지 않을 때, 그런 영역에서만 정부가 개입해야 한다. 문제 해결에 있어 정부가 시장보다 우위에 있다는 판단이 있을 때에만 정부가 나서야 한다.

이제 정부가 특정 산업 육성이니, 첨단 산업생태계 조성 등의 이야기를 할 때 훨씬 더 신중해야 한다. 많은 경우 정부는 그런 능력을 더 이상 가지고 있지 않다. 정부가 나서는 것이 결과적으로는 도움이 되지 않고, 오히려 필요한 구조조정을 늦추는 효과만 가져올 수 있다. 정부가 지원하고 관여하다 보니 불필요한 규제도 잘 없어지지 않는다. 정경유착, 관치금융의 오랜 관행이 근본적으로는 잘 없어지지 않고 있다. 이런 문제를 해결하기 위해 정부조직 개편이 제일 먼저 이루어져야 할 부처는 산업통상자원부와 중소벤처기업부라고 본다.

여기서의 제안은 중소벤처기업부를 산업통상자원부에 통합시키고, 산업통상자원부의 기존의 산업정책 기능을 대폭 축소하여 재정립하는 것이다. 그리고 현재 보건복지부, 문화체육관광부, 과학기술정보통신부 등이 각각 가지고 있는 산업정책 기능(예: 보건복지부의 보건산업정책국, 문화체육관광부의 콘텐츠정책국, 관광산업정책관 등) 중 필요한 기능은 산업통상자원부로 이관해서, 여기서 총괄적으로 필요한 산업정책을 수행하게 하는 것이다. 산업통상자원부의 통상 및 자원정책 기능은 대체로 현행대로 유지한다. 이렇게 개편하면 산업통상자원부의 규모는 현재와 비슷하게 될 것이다. 중소벤처기업부와 여러 부처에 걸친 산업정책 기능이 크게 축소되어 이관되며, 산업통상자원부의 기존의 산업정책 기능이 대폭 축소·재정립되는 것이다.

중소벤처기업부는 1996년에 설립된 중소기업청을 문재인 정부가 2017년에 부로 승격시킨 부처이다. 중소기업 지원 정책을 담당하는 부서를 집행 업무 중심의 청 조직으로 발족한 것도 문제가 있었는데, 이를 다시 하나의 별도 부처로 승격한 것은 적절치 않은 결정이었다고 판단한다.

중소기업에 대한 정책적 지원 기능은 산업통상자원부와 같은 총괄적인 산업부처에서 다른 산업정책과의 조화 속에서 수행하는 것이 정책의 효과성을 높일 수 있다. 현재 중소벤처기업부의 기능을 대폭 축소해서 산업통상자원부로 통합하는 것이 필요하다고 본다. 그 자체가 중소기업에 대해 관례적·관성적으로 지원하던 것을 줄이는 방법이 될 것이다. 참고로 현재 중견기업에 대한 정책은 산업통상자원부의 1개 국에서 담당하고 있다.

산업통상자원부의 기존의 산업정책 조직은 대폭 축소하고, 그 기능을 재정립해야 한다. 산업정책의 총괄 부서로서 산업통상자원부는 개별 산업별 직접적 개입을 최소화하고, 산업정책의 총괄적이고 중장기적인 구상, 핵심 전략 위주의 재편, 통상 여건과 정책에 따른 조정,

국내외 정보 수집 및 산업계와의 소통 등에 집중하는 방향으로 그 기능을 재정립해야 한다.

현재 산업통상자원부에 자동차과, 철강세라믹과, 조선해양플랜트과 등 개별 산업을 직접 담당하는 과 단위 조직이 운영되고 있는 것은 구시대적이라고 본다. 이런 개별 산업에 대한 직접 개입을 줄이는 것이 규제를 완화하고 경제의 효율성을 높이는 방안이다. 앞에서 언급한 바와 같이 다른 부처들에서 각각의 산업정책 기능을 수행하는 것은 산업통상자원부로 이관해서 전체적인 산업정책의 틀에서 정책을 수행하되, 그 기능은 축소 조정해야 할 것이다.

다음으로 과학기술정보통신부는 과학기술부와 정보통신부로 분리하는 것을 검토할 필요가 있다고 본다. 현재는 과학기술 개발과 정보통신정책 업무라는 이질적인 업무가 한 부처에서 수행되고 있기 때문이다. 현재 1차관 소관 업무와 과학기술혁신본부 업무를 과학기술부로 분리하고, 여기에서는 기초연구, 장기투자가 필요한 연구, 개발 위험이 큰 연구 등 민간이 담당하기 어려운 R&D 사업을 수행하는 데 역량을 집중해야 할 것이다. 정보통신정책 업무는 별도의 정보통신부에서 담당하는 것이 바람직할 것으로 본다. 이 과정에서 방송통신위원회와의 일부 기능 조정도 필요한 것으로 보인다.

한편, 정보통신부 업무와 관련하여 아주 오래된 정책 이슈가 하나 있는데, 그것은 우리나라 특유의 우체국 금융 문제이다. 과학기술정보통신부 소속 우정사업본부에서는 우편 업무뿐 아니라 대규모의 우체국 예금 및 보험 업무를 담당하고 있다. 2022년에 우체국 금융이 운용하는 자산이 143.1조 원(우체국 예금 81.9조 원, 우체국 보험 61.2조 원)에 달한다. 우체국에서 금융 업무를 하는 것은 그 근거를 설명할 수 없는 매우 이례적인 것으로, 우체국 금융의 민영화 등 근본적인 대안을 검토해야 할 것이다.

정부조직 개편 논의에서 마지막으로 다루어야 할 중요한 주제는 재정관리체계를 정비하기 위한 기획재정부 등 재정 담당 부서의 기능과 조직개편 문제이다. 이는 재정개혁의 주제와 맞닿아 있으므로, 다음 절에서 재정개혁 과제를 다루면서 그 방안을 제시하고자 한다.

2. 재정 낭비를 막는 재정제도 개선방안

재정 낭비를 줄여야 한다. 국민에게 증세를 요구하기 위한 가장 기본적인 전제조건은 '낭비적 지출을 줄여서 국민의 재정에 대한 신뢰를 높이는' 재정개혁이다. '국민 세금 가치(value for money)의 실현'을 위한 혁신적이고 체계적인 재정제도 개선 노력이 가시화되어야 한다. 여기서는 재정개혁의 중점 과제로 예산사업에 대한 사전·사후 평가의 강화, 지방재정 및 지방교육재정에 대한 관리를 강화하는 새로운 재정관리체계의 확립, 이를 위한 재정관리처의 신설, 여전히 큰 규모로 행해지는 재정융자제도의 개편, 칸막이식 재정운용의 문제를 갖고 있는 특별회계·기금 제도 개선 등의 과제들에 대해 논의하고자 한다.•

예산사업에 대한 사전·사후 평가의 강화

정부 예산사업의 효율성에 대한 국민의 불신은 상당한 수준에 이른 것으로 보인다. 돈을 그렇게 쓰는데 증세에 동의할 수 있겠느냐는 이야기들을 많이 한다. 이런 상황에서 예산지출의 효율성을 높

• 여기서의 재정제도 개선방안의 주된 내용은 황성현(2009), 「이명박 정부 1년의 조세·재정정책의 평가와 향후 정책방향」, 『한국경제연구』 제25권; 황성현(2011), 「재정건전성 제고를 위한 재정제도 개편방안」, 『재정학연구』 제4권 제2호 등에서 제시한 이후 저자가 최근까지 여건 변화 등을 감안하여 지속적으로 강조하고 있는 방안이다.

여서 국민의 신뢰를 회복하는 실질적인 방안은 무엇인가? 저자는 이를 한마디로 정리하면, '예산사업에 대한 사전적·사후적 평가를 대폭 강화해서 그 결과를 예산편성에 반영하는 재정관리체계를 확립하는 것'이라고 믿는다. 민간 부문의 경우 시장에 의한 성과평가가 상당한 정도 명확히 이루어지나, 공공부문 예산사업의 경우 별도로 잘 고안된 평가체계를 만들어서 적용해야 한다. 그래야 재정 낭비를 줄일 수 있다.

지금까지 예산사업의 타당성을 검토하는 사전평가의 경우 1999년에 기획예산처가 도입한 예비타당성조사제도(예타제도) 이후 어느 정도 체계가 잡혀가고 있다. 예비타당성 조사는 당시 각 사업부처가 수행하는 타당성 조사가 사업 수행 부처의 시각에서 거의 모든 사업에 대해 타당성이 있다는 결론을 내는 문제를 개선하기 위해, 한국개발연구원(KDI)이 중심이 되어 제3자 입장에서 사업의 타당성을 간략하게라도 미리 검토하는 제도로 도입되었다. 요즘 길을 지나다 보면, 지역의 숙원사업에 대해 '축, 예비타당성 조사 통과'와 같은 현수막을 종종 볼 수 있을 정도로 국민들의 관심도 많이 받고 있다.

하지만 예비타당성조사제도도 이제 도입한 지 25년이 지났고, 비용편익분석(B/C 분석) 방법론의 개선과 낙후지역 사업에 대한 지역균형발전 차원의 평가방법 개선 등 여전히 개선해야 할 과제도 많이 남아 있다. 사업의 경제성 여부를 판단하기 위해 과학적인 비용편익분석 방법을 동원하는 것은 당연히 필요하나, 편익 범위의 설정이나 지나친 계량화에 따른 부작용 등에 대해서도 주의를 기울여서 문제를 개선해 나가야 한다.

흔히 B/C 비율=1을 경제성 여부를 판단하는 금과옥조처럼 여기는 경향이 있는데, 이는 과한 측면이 있다. 사실 B/C 비율 산정이 그렇게까지 과학적일 수는 없다. 재정사업의 존재 이유라 할 수 있는 외부적 파급효과(예: 도로 건설에 따른 주변 지역의 개발 효과)는 현행 예타제도에서 편익의 범위에서 제외된다. 도로를 직접 이용하는 사람들의 시간 절감이나 비용 감소 효과들을 위주로 편익을 계산한다. 이런 점을 감안해서 경제성 평가 결과를 받아들여야 한다.

그리고 B/C 비율을 계산할 때 매우 중요한 요소가 미래의 현금흐름을 현재가치로 환산하는 할인율의 설정인데, 할인율이 시장이자율보다 상당히 높게 설정되어 예타제도가 운용되었던 시기도 있었다. 만일 이때 할인율을 시장이자율 수준으로 낮추었다면 많은 사업들의 B/C 비율이 상당히 올랐을 것이다. 따라서 B/C 비율은 사업의 경제성을 평가하는 중요 지표이기는 하나, 이 수치에 너무 매몰될 필요는 없다. 많은 경우 비용편익분석 방법론의 한계까지도 인정하고 고려하면서, 종합적이고 정책적인 평가를 해야 한다.

낙후지역의 경우 낙후된 현재 상황을 반영한 경제성 평가 결과는 나쁘게 나올 수밖에 없다. 인구가 적은 지역의 도로사업의 B/C 비율이 높게 나올 리 없다. 그러나 지역균형발전 차원에서, 수도권 집중에 의한 사회적 비용까지 고려해서, 그 지역이 발전할 미래까지 고려해서 분석방법론을 조정해야 한다. 그래야 제대로 된 평가를 할 수 있다.

이러한 문제들을 포함하여 예비타당성조사제도의 평가체계를 보다 현실성 있게 체계화하고 개선할 필요가 있다. 예타제도는 지금까지 타당성이 낮은 사업들을 걸러내는 데 큰 기여를 해왔지만, 다른 한편으로는 예비타당성 조사의 분석방법론을 상당한 정도 개선하기 위한 노력도 요구되는 상황이다. 그러한 개선을 통해 대표적인 사전평가체계로서 예타제도를 더욱 발전시켜 나가야 한다. 그리고 최근에 정치권에서 주요 사업에 대한 예타 면제를 너무 빈번하게 요구하고 관철시키는 것은 문제가 있다. 예타 면제의 요건을 보다 엄격하게 적용해야 할 것이다.

예산사업에 대한 사후평가의 문제는 더 심각하다. 예산사업의 시행 결과, 그 성과를 평가하고 검증하여 추후 예산편성에 반영하는 사후평가는 제대로 이루어지지 않고 있다. 결산에 대해서는 대부분 관심을 갖지 않고 있는 것이 현실이며, 결산 결과가 다음 해 예산편성에 반영되는 사례도 찾기 어렵다. 무엇보다도 예산 집행 결과 어떠한 성과가 있었는지, 당초 목표한 것이 제대로 달성되었는지에 대해서 아무도 관심을 기울이지 않고 있는 것이 심각한 문제이다. 예산사업에 대한 사후적 평가 기능이 미약한 것도 재정지출의 효율화를 이루지 못하고 예산운용에 대한 불신을 증폭시킨 주된 요인이다.

사실 예산사업에 대한 사후평가 방법은 사전평가보다 간단한 경우가 많다. 단지 정부의 사후평가 수행 및 결과 활용 의지, 그리고 국회, 언론, 전문가, 국민의 관심이 부족할 뿐이다. 예를 들어, 고속도로사업의 경우를 보자. 고속도로사업의 사전적 평가를 위해서 제일 중요한 것은 통행량 예측이다. 이것만 제대로 할 수 있으면 객관적인 경제성 평가를 할 수 있다. 그런데 어떤 도로의 통행량을 예측하는 것은 쉬운 일이 아니다. 해당 지역의 주변 통행량, 인구, 소득 등의 광범위한 데이터를 활용한 계량모형을 사용하지만, 예측이 크게 빗나가는 경우도 허다하다. 여기서 많은 문제가 발생한다.

그런데 사후평가는 간단하다. 사업 후 일정 기간 동안 그 고속도로를 다니는 자동차 수를 세기만 하면 사업의 성과를 알 수 있다. 그리고 중장기적으로 주변 지역의 개발 효과 등도 분석해 보아야 할 것이다. 그런데 많은 경우 정부는 책임 문제 등 때문에 이런 시도를 잘 하지 않거나, 아니면 조사 결과를 제대로 알리지 않고, 예산편성에 제대로 반영하지도 않는 것으로 보인다. 이를 개선해야 한다.

책임을 묻기 위함이 아니라, 예산운용의 효율성을 높이기 위함이다. 일정 규모 이상의 모든 예산사업에 대해 사업 시행 후 일정 기간 동안 그 사업의 실제 성과를 평가하고, 당초 목표한 사업 목표를 제대로 달성했는지, 사업 시행 결과 예상치 못한 문제가 발생한 것은 없는지 등에 대해 체계적으로 점검하고 평가하는 체계를 고안해서 적용해야 할 것이다. 그러한 평가 결과를 추후 예산편성에 반영하는 경로도 작동시켜야 할 것이다.

이처럼 예산사업에 대한 사전·사후 평가체계를 개선해서 강화하는 것이 예산운용의 효율성을 높이는 첫걸음이다.

재정관리처의 신설

현재 예산사업에 대한 평가와 관리는 이러한 기본적 문제를 가진 채 정부의 여러 부문에 걸쳐 산발적으로 이루어지고 있다. 이처럼 예산사업에 대한 평가와 관리가 비체계적으로 산발적으로 이루어지면, 예산사업의 부조리나 비효율을 방지하고, 예산사업의 성과를 검증하며, 평가 결과를 추후 예산편성에 반영하는 데 한계가 있을 수밖에 없다. 따라서 예산평가·관리 기능을 대폭 강화하는 행정부 차원의 '새로운 재정관리체계를 확립'하는 것이 필요하다고 판단된다.

이러한 방안으로 여기서는 행정부 내에서 예산사업의 사전·사후 평가를 수행하여 그 결과를 예산편성에 체계적으로 반영하고, 공기업을 포함하는 공공부문의 효율적 운영에 대한 관리를 담당하는 전담 부처로서 '재정관리처'(가칭)의 신설을 제안한다. 재정관리처는 대통령 직속, 또는 국무총리 소속 부처로 설립한다. 현재 이러한 기능은 기획재정부의 재정관리국과 공공정책국, 그리고 재정정책국의 일부가 제한적으로 수행하고 있고, 개별 부처별로도 일부 수행되고 있다.

그런데 현재의 기획재정부 체계에서는 예산편성 기능과 평가 기능이 한 부처 내에서 이루어지고 있기 때문에 객관적인 평가와 견제가 어렵다는 기본적인 문제가 있다. 같은 부처 내 예산실에서 편성한 예산사업의 문제를 재정관리국에서 객관적으로 평가하기 어렵다. 공기업 등 공공부문에 대한 관리에 있어서 재정당국과 개별 부처 간의 역할 분담이 명확하지 않은 문제도 있다. 무엇보다도 광범위한 예산사업과 공공부문의 평가와 관리를 기재부의 2개 국 정도가 담당하고 있는 것은 중요한 문제이다. 이제 이러한 기능을 대폭 강화할 필요가 있고, 그 출발점은 이를 전담하는 부처로서 재정관리처를 신설하는 것이다.

지방재정·지방교육재정에 대한 일관된 관리체계 확립

재정관리처의 신설에 있어 또 한 가지 중요한 '근본적' 개선사항은 '지방재정과 지방교육재정에 대한 일관된 관리체계의 확립'이다. 재정지출의 낭비를 막고 효율성을 확보하는 데 있어서 그 대상은 당연히 중앙과 지방을 포괄하는 재정지출 전반이다.

일반적으로 우리나라 재정의 효율성 문제를 이야기할 때 상대적으로 더 문제가 많다고 자주 이야기되는 부문은 지방재정과 지방교육재정 부문으로 보인다. 그럼에도 불구하고 재정지출 효율화 논의는 많은 경우 중앙정부에 국한하거나 집중되는 것이 일반적이다. 예를 들어, 예비타당성 조사는 일정 규모 이상의 중앙정부 재정이 투입되는 사업을 대상으로 하며, 지방재정만으로 수행되는 대형 사업의 경우 예비타당성 조사와 같은 체계적 평가체계가 미비한 실정이다.

사실 우리나라 재정운용에 대한 각종 정책 논의가 중앙정부 중심으로 이루어지고 있는 것이 매우 중요한 문제이다. 지방자치가 더욱 발전되고, 예산사업에 대한 평가가 선거를 통해 이루어질 수 있는 상황이라면 그래도 이러한 문제가 덜 중요하다고 할 수 있으나, 선거에서 지역성이 가장 중요한 요인으로 작용하고 있는 상황에서 지방정부의 예산사업에 대한 평가·관리 기능이 미흡한 것은 더욱 심각한 문제이다.

현재 재정당국인 기획재정부는 중앙재정만을 담당하고, 지방재정은 행정안전부가, 지방교육재정은 교육부가 관리하고 있다. 이러한 체계는 재정의 일관된 관리와 중앙재정과 지방재정·지방교육재정의 보완성 제고, 그리고 지방재정 및 지방교육재정의 효율성 확보 등에서 한계를 가지고 있다. 국민의 입장에서 같은 세금이 투입되고 있으나, 지출의 성과에 대한 관리와 책임성·효율성 정도는 그 돈이 중앙과 지방 중 어디에서 집행되는가에 따라 서로 다른 것이다. 그 중요한 차이가 재정관리체계의 차이에서 오는 것으로 보인다.

예컨대, 동일한 규모의 사업에 대해 중앙정부가 수행하는 예비타당성 조사에서의 경제성 분석과, 지방정부 사업에 대해 적용되는 재정투융자 심의에서의 논의는 질적으로 차이가 난다. KDI가 수행하는 체계적인 B/C 분석 같은 기법은 지방사업에서 제대로 적용되지 않고 있는 것으로 보인다.

한편, 현시점에서 '일반정부 중심의 재정운용체계'를 갖추는 것은 매우 중요하고 시급한 과제이다. 재정통계체계도 일반정부 중심으로 더 개선되어야 한다. 예를 들어, 중앙정부의 국세 수입 실적은 한 달 정도 지나면 월별로 정확하게 알 수 있게 공개된다. 이에 반해 지방세 수입 실적은 제대로 파악하는 데 오랜 시간이 걸린다. 그래서 조세부담률 같은 기본적인 지표도 한참 지나서야 공표된다. 다른 예로, 복지지출 규모를 파악할 때 우리가 알고 싶은 복지지출 규모는 중앙과 지방을 포괄하여 중복분을 제거한 규모인데, 이를 제대로 파악하는 것이 어렵고 역시 한참 시간이 지나야 가능하다.

이런 문제들은 근본적으로 중앙재정과 지방재정, 지방교육재정이 별도의 부처에 의해 관리되기 때문에 발생하는 문제이다. 중앙정부와 지방자치단체, 지방교육자치단체, 그리고 비영리공공기관을 포괄하여 세입과 세출을 제때에 제대로 파악하는 것만으로도 조세·재정정책을 체계적으로 수행하고 관리하는 데 도움이 될 것이다. 중앙재정과 지방재정, 지방교육재정을 일관성 있게 체계적으로 관리하고, 그들 간의 보완성·연계성을 제고할 때 우리 재정운용의 효율성을 크게 높일 수 있을 것으로 판단한다.

따라서 재정관리체계를 새롭게 정립하는 과정에서 지방재정 및 지방교육재정에 대한 관리 기능을 재정당국에 일원화하는 방안을 추진해야 한다. 지방재정 및 지방교육재정에 대한 재정정책 기능은 기획재정부로, 평가 및 관리 기능은 신설하는 재정관리처로 일원화하는 방안을 제안한다. 이렇게 함으로써 중앙과 지방의 재정정책 기능의 일관성과 보완성을 제고할 수 있고, 재정지출의 체계적 관리에 따라 효율성 제고가 가능할 것으로 본다. 무엇보다도, 이러한 개편은 체계적이고 효율적인 재정운용을 위해 반드시 필요한 '일반정부 중심의 재정운용'을 가능케 할 것이다.

지방재정 및 지방교육재정의 효율성을 제고하기 위한 정책·평가·관리 기능의 강화가 지방자치에 역행하는 것은 아닐 것이다. 국민이 낸 세금을 보다 효율적으로 사용하도록 관리하는 기능의 강화는 지방자치의 본질에 부합하는 것이다. 현재 지자체 예산을 행안부와 기재부가 관리하고, 교육청 예산을 교육부와 기재부가 관리하던 것을 이제 재정당국인 기재부·재정관리처(신설할 경우)로 관리를 일원화하는 것이다.

결국, 여기서 제안하는 재정관리처 신설 방안은 중앙과 지방을 포괄하여 예산사업에 대한 평가·관리를 강화하고, 공공부문 전반의 효율적 운영과 관리를 전담하는 부처를 신설해서 재정지출의 효율성을 제고하는 중심 관리부처로 운영하자는 제안이다. 이러한 부처의 신설은 그 비용과 편익 측면에서 경제성이 충분히 클 것으로 판단된다. 제대로 된 재정평가·관리는 연간 수조 원 이상의 예산 절감 효과를 가져올 수 있을 것이다. 기재부와 재정관리처를 통해 중앙재정, 지방재정, 지방교육재정에 대한 일관된 관리체계를 확립하는 것이 재정운용의 효율성을 크게 높일 수 있을 것이다.

재정융자제도의 개편방안

현재 다수의 사업성 기금과 일부 특별회계들이 대규모로 운용하고 있는 재정융자제도의 개편이 요구된다. 2021년에 융자지출에서 융자회수를 뺀 순융자 규모가 30.1조 원에 달했으니, 연간 재정융자 규모는 이보다 훨씬 크다. 재정융자제도의 개편은 다수의 사업성 기금과 특별회계의 정비 및 개편과 맞닿아 있다.

최근의 금융여건과 재정여건을 고려할 때 재정융자제도는 기존의 재정융자를 대폭 축소하고, 정책적 지원이 필요한 경우 재정융자를 이차보전을 위한 재정보조로 전환하는 개편을 추진해야 한다.* 이제 민간 금융시장이 대부분의 정책적 자금 공급을 담당할 수 있다. 민간 부문의 자금 여력이 충분하고, 기금 등에서 정책자금을 저리로 융자하는 대부분의 재정융자는 담보대출이다. 이런 상황에서 정책적으로 필요한 부문에서 민간 금융시장의 자금을 이용하고, 재정은 실세금리와 재정융자 시 대출금리 간의 이차보전을 담당하면 되는 것이다.

그러면 동일한 정책 목적을 달성하면서 재정지출 규모가 크게 줄어든다. 예컨대, 시장금리가 4%이고 100억 원의 정책자금을 2%의 저리로 기금 등에서 융자하던 것이, 민간 금융시장의 자금을 활용하고

* 이러한 방안이 황성현 외(2002), 「재정융자제도의 개편방안」, 『경제학연구』 제50집 제4호에서 제시된 바 있다.

재정은 2억 원의 이차보전 지출을 하는 것으로 바뀐다. 여기서 100억 원은 회수하는 융자이고, 2억 원의 이차보전은 지출이므로 손해가 아니냐고 생각할 수 있는데, 정부는 100억 원의 자금을 저리로 운용하면서 이미 실세금리와의 차이만큼 기회비용을 지불하고 있는 것이다. 재정융자를 이차보전으로 전환하면 정부가 세금을 거두거나 국채를 발행해 대규모로 자금을 조달해서 기금을 쌓아 두고 관리할 필요가 없어지므로 비용도 줄어든다. 즉, 사업수행 및 관리비용 측면에서 국민경제적 비용 절감 효과가 발생하는 것이다.

이러한 개편은 우리나라 재정체계의 단순화에도 상당히 긍정적인 효과를 미칠 것이다. 상당수의 사업성 기금과 특별회계가 정비될 수 있고, 이러한 예산체계의 단순화가 칸막이식 재정운용의 문제들을 해결하는 데 도움이 될 것이다. 특별회계·기금 제도의 정비 문제는 다음에서 상세히 다루고 있다. 또한, 이러한 전환은 우리나라 금융산업 발전에도 긍정적 효과를 미칠 것이다. 재정융자를 대폭 축소하고 필요시 이차보전으로 전환하는 개편이 보다 전향적으로 추진되어야 할 것이다.

특별회계·기금 제도의 정비와 국민부담 완화

우리나라 중앙정부 재정체계는 일반회계와 21개의 특별회계, 그리고 68개의 기금으로 구성되어 있다. 재정이 90개에 달하는 칸막이식 돈주머니로 운용되고 있는 것이 중요한 문제로, 특별회계·기금 제도 개혁은 지금까지 오랫동안 재정제도 개선의 중점 과제 중 하나였다. 특별회계·기금 제도 개선에 있어서 가장 중요한 목표는 진정한 의미에서 통합예산 중심의 재정운용을 이루는 것이다. 일반회계·특별회계·기금을 포괄하는 통합재정의 구도 속에서 부문별 재정운용을 체계적으로 결정해 나가는 '통합예산관리'가 더욱 강화되어야 한다. 그래야 칸막이식 재정운용의 폐해를 막을 수 있다.*

우리나라 재정체계가 매우 복잡·다기화되어 있어서 재정운용의 효율성을 저해하고 있다. 일부 유사사업들이 중복적으로 집행되기도 하고, 예산지출의 국가적 우선순위에 따른 재원 배분이 저해되기도 한다. 재정이 여러 개의 칸막이식 회계로 운용될 때 재원 배분의 효율성은 떨어질 수밖에 없다. 어느 칸에는 돈이 남아서 꼭 필요하지도 않은 사업이 관성적으로 집행되고, 다른 칸에는 돈이 없어서 해야 할 사업을 제대로 못하는 경우가 발생하게 된다.

더욱이 현재의 재정체계가 일정한 원칙하에서 일반회계와 특별회계, 기금으로 역할 분담이 이루어져 운영되는 것이 아니라는 것도 중요한 문제이다. 특별회계나 기금에서 조세 또는 부담금을 부과할 때 공평한 세 부담의 원칙으로서 이익원칙(수익자부담원칙)이 제대로 적용되지 않는 경우가 허다하고, 특별회계와 기금의 구분이 모호한 경

* 황성현(1992), 「안정적 재정운용과 통합예산관리」, 『KDI 분기별 경제전망』(2/4분기), 한국개발연구원 참조.

우도 많다. 특정한 세입을 특정한 세출로 연결해서 사용할 때, 이를 정당화하는 기본원칙은 재정지출로부터 혜택을 보는 사람이 혜택을 보는 것에 비례해서 세금(부담금)을 부담한다는 이익원칙이다. 우리나라 목적세 중에서 이러한 이익원칙이 부분적으로라도 적용되는 세목은 교통시설특별회계의 재원이 되는 교통세 정도이다.

1990년대 이후 참여정부에 이르기까지 재정개혁 차원에서 기금 및 특별회계제도의 정비가 꾸준히 추진되었고, 어느 정도 성과를 거두었다고 평가할 수 있다.* 그러나 참여정부 이후에는 특별회계·기금 제도 정비가 미진했고, 그 결과 특별회계와 기금 수는 더 늘어나서 재정체계상의 여러 가지 문제들이 여전히 제기되고 있다. 재정체계상의 칸막이 수는 2009년에 79개(일반회계, 18개의 특별회계, 60개의 기금)에서 2023년에 90개(일반회계, 21개의 특별회계, 68개의 기금)로 11개가 늘어났다.

'통합예산관리'의 가장 중요한 전제조건은 일반회계, 특별회계, 기금 간의 역할 분담을 명확히 하고, 이에 따라 타당성이 낮은 부담금을 폐지하고 유사기금을 통폐합하는 등 특별회계·기금 제도를 정비하는 것이다. 이를 통해 국민부담을 완화하고 중복투자를 방지하여 재정지출의 효율성을 제고해야 한다. 재정운용의 칸막이 수를 줄

* 황성현(1993), 「기금·특별회계의 정비와 재정투융자제도의 개선방안」, 『국가예산과 정책목표(1993)』, 한국개발연구원; 황성현(2006) 「특별회계·기금 제도 개혁의 평가와 향후과제」, 『재정논집』 제20집 제2호 등 참조.

여서 예산 배분의 효율성을 높이기 위한 노력을 지속해야 한다.

여기서는 기금의 재원이 되는 부담금 부과의 타당성이 낮아 조정이 필요한 구체적 사례들을 몇 가지 살펴보겠다. 검토 결과 부담금이 조정되면 관련 기금 또한 그에 맞추어 정비되어야 할 것이다. 특별회계나 기금들이 특정 세입을 확보하는 부담금 등의 부과 타당성을 검토하는 것이 해당 특별회계나 기금을 정비하는 출발점이 될 것이다.

첫 번째 검토 대상은 관광진흥개발기금과 국제질병퇴치기금이 부과하는 출국납부금이다. 관광진흥개발기금은 문화체육관광부 소관 기금으로 관광산업의 효율적 발전을 위한 사업을 수행하기 위해 1973년부터 운용되고 있다. 2023년의 지출 규모가 1.7조 원인데, 법정부담금인 출국납부금과 카지노납부금 징수 규모가 5,893억 원이다. 2023년까지 법정부담금 징수 누계는 8.4조 원에 이른다. 출국납부금은 공항을 통해 출국하는 거의 모든 사람에게 1인당 1만 원을 징수한다. 선박을 이용할 때는 1,000원을 낸다. 아마 출국할 때 이런 부담금이 부과되는 것을 알지 못하는 분들도 많을 것이다.

관광진흥개발기금은 출국납부금 등으로 조성된 재원으로 관광산업의 기반 확충과 활성화를 위한 제반 사업들을 수행하고 있다. 그런데 해외로 나가는 사람들에게 부담금을 거두어 국내 관광산업 육성에 사용하는 것은 수익자부담원칙의 적용과 거리가 멀다. 국내 관광산업의 육성으로 혜택을 보는 사람과 해외에 관광 나가는 사람은 직접적 관계가 없다. 더욱이 해외에 출장이나 유학을 위해 출국하는 사람도 이 부담금을 내야 한다.

이렇게 수익자부담원칙이 전혀 적용되지 않는 형태의 부담금을 거둬서 특정한 세출로 사용하는 것은 일반적인 재정운용 원리에 부합하지 않는다. 관광산업 진흥이 국민경제적으로 혜택을 가져오기 때문에, 그 외부경제효과 때문에 정부가 지원하는 것이라면 일반 세금으로 지원하는 것이 원칙에 맞다. 만일 부담금을 걷는다면 국내 관광객을 대상으로 거두어야 한다.

관광진흥개발기금의 출국납부금 관련 논란은 오래된 논란이다. 대표적 사례가 2003년에 이루어진 헌법재판소의 합헌 판결인데, 여기서 주목해야 할 점은 헌법재판관 5:4의 판결로 가까스로 합헌 판결이 내려졌다는 사실이다. 헌법에 위배되지는 않더라도 정말 문제가 많은 부담금 징수와 기금 운용이다. 불필요한 국민부담 완화 차원에서 이런 부담금 징수는 폐지하고, 그에 맞추어 기금 운용을 정비해야 한다. 관광 진흥을 위해 꼭 필요한 사업은 세금으로 수행해야 한다.

우리는 출국할 때 1만 원의 출국납부금 외에도 1,000원의 국제질병퇴치기금도 내고 있다. 이 기금은 2017년부터 운용된 외교통상부 소관 기금으로, 운용 목적은 개발도상국의 질병 예방과 퇴치를 지원하는 것이다. 2023년 징수 예산 규모가 355억 원이다. 이런 기금을 출국하는 모든 사람에게 걷는 것은 원칙에 맞지 않는다. 미국, 일본,

유럽에 가는 사람에게 왜 개발도상국의 질병 예방 및 퇴치 재원을 걷는지 설명하기 어렵다. 이 역시 폐지하고, 필요하면 세금으로 지원해야 한다.

두 번째 검토 대상은 전력산업기반기금이다. 전력산업기반기금은 전력산업의 발전과 전력산업의 기반 조성을 위한 지원을 위해 산업통상자원부 소관으로 2001년부터 운용되고 있는 기금이다. 주된 재원은 전기요금의 3.7%를 부과하는 부담금이다. 2023년의 부담금 징수 예산이 2.6조 원이고, 지출 규모가 4.7조 원이다. 법정부담금의 누계는 36.9조 원에 달한다. 이 기금의 사업은 신재생에너지사업 지원, 전력 관련 각종 R&D 사업들인데 경상사업 수가 총 100개가 넘을 정도로 사업 수가 정말 많다. 여러 기금들의 예산을 살펴본 경험이 있지만, 이렇게 사업 수가 많은 기금은 드물 것이다.

전기요금의 3.7%라지만, 그 규모가 연간 2.6조 원에 달한다. 재원 규모가 크고 징수가 안정적인 상황에서 전력과 조금이라도 관련이 있는 사업은 이 기금에서 수행하고 있는 것으로 보인다. 수많은 사업들을 일일이 검토할 수 없으나, 이 기금에서 수행하고 있는 많은 R&D 사업의 경우, 일반회계, 과학기술진흥기금, 정보통신진흥기금, 원자력기금(원자력연구개발계정), 방사성폐기물관리기금 등의 사업들과 역할 구분 및 중복 여부를 확인해야 한다. 당장 원자력 분야만 해도 일반회계, 전력산업기반기금, 원자력기금(원자력연구개발계정), 방사성폐기물관리기금 등에서 유사한 사업의 중복 수행 여부를 점검해야 한다.

이 기금의 사업 중 지원 대상을 한국전력공사로 하는 사업의 경우 전력산업기반기금이라는 부담금이 아닌 전기요금으로 거두어서 수행하는 것이 원칙에 맞다. 전기요금을 한전이 걷고, 이의 일정 부분을 추가로 부담금으로 거두어 다시 한전이 사용하는 것은 문제가 있어 보인다. 이 기금의 R&D 사업 외에도 전기안전, 신재생에너지 등 각종 사업에 대한 지원의 적절성 여부와, 이런 사업을 전기요금에 부과되는 부담금으로 지원하는 것이 타당한지 여부에 대한 검토가 필요하다.

최근 한전의 적자 누적에 따른 전기요금 인상 문제가 초미의 관심사가 되고 있다. 한전의 최선의 자구 노력이 전제되어야 하지만, 상당 폭의 전기요금 인상은 한전 경영의 정상화와 안정적인 전기 공급을 위해 불가피해 보인다. 불가피한 전기요금 인상 과정에서 전력산업기반기금의 사업을 일부라도 줄이면서 전기요금의 3.7%인 부담금 부과 비율을 낮출 수 있다면, 전기요금 인상의 국민부담을 조금이라도 낮출 수 있을 것이다. 그런 조정을 검토해야 할 것이다.

세 번째 검토 대상은 한강수계관리기금 등 4개 수계관리기금의 물이용부담금이다. 한강수계관리기금은 '한강수계 상수원의 적정한 관리와 상수원 상류 지역에서의 수질개선 및 주민지원사업을 효율적으로 추진'하기 위해 1999년부터 환경부 소관으로 운용되고 있다. 재원은 수도요금에 더해 수돗물 톤당 170원이 부과되는 물이용부담금이다. 한강수계관리기금의 2023년 물이용부담금 수입 규모가 5,047억 원이고, 지출 규모가 6,825억 원이다. 주된 사업은 상수원 관리 지역의 주민 지원 및 토지매수 사업, 환경기초시설 설치 사업, 수질개선사업 등이다. 동 기금의 물이용부담금 징수 누계 규모는 9.5조 원이다.

이 같은 방식으로 운용되는 수계관리기금이 4대강에 걸쳐 3개 더 있다. 금강수계관리기금, 낙동강수계관리기금, 영산강·섬진강수계관리기금이 동일한 요율의 물이용부담금을 재원으로 한강수계관리기금과 거의 동일한 사업들을 수행하고 있다. 4개 수계관리기금이 징수하는 물이용부담금의 2023년 연간 합계는 9,558억 원이고, 지금까지 걷은 누계는 17.2조 원이다.

우리 국민은 세금이 아닌 전기요금의 3.7%에 해당하는 연간 2.6조 원의 부담금을 추가로 부담하고, 세금이 아닌 수도요금에 더해 연간 1조 원 정도의 부담금을 추가로 부담하고 있다. 전력산업기반기금뿐 아니라 물이용부담금의 적정성 여부도 철저히 따져 보아야 한다. 기금 운용 초기에는 수질 관리와 개선을 위한 인프라 등에 비용이 많이 들지만, 20년 넘게 기금을 운용한 현시점에서 톤당 170원의 물이용부담금 부과가 적정한지 검증해 보아야 한다. 일반적으로 기금 운용 주체는 그런 노력을 철저히 하지 않는 경향이 있다. 들어오는 돈으로 비슷한 사업들을 관성적으로 수행하는 경우가 많다.

상수원 관리 지역의 토지매수나 환경기초시설 설치는 이제 상당한 정도 이루어졌을 것이다. 사실 상수원 지역의 토지매수로 상수원 수질 관리를 하는 방식의 적절성 여부도 따져 보아야 한다. 현 사업 내역의 적정성을 검증하고, 그에 맞게 물이용부담금 요율의 인하를 검토해야 할 것이다. 이제 어느 정도 수돗물의 수질이 확보된 상황에서, 이 수준을 유지하기 위해 지금 정도의 물이용부담금이 계속 필요한지 따져 보아야 한다.

이와 관련하여 한강수계관리기금이 수년 전부터 수행하고 있는 '상하류협력지원사업'의 사례는, 비록 그 규모가 100억 원 정도이지만 시사하는 바가 크다고 본다. 이 사업은 인천 등 하류 지역의 환경기초시설 등을 위해 한강수계관리기금에서 지원하는 사업이다. 환경관련 사업이니 별문제가 없어 보이지만, 사실 이런 사업 수행은 '수질 개선을 위한 상류 지원'이라는 이 기금 설치 목적에 위배된다.

수계관리기금의 운용 원리는 수질 개선으로부터 이익을 보는 하류 지역 사람들이 부담을 해서(수익자부담원칙), 수질 개선 및 유지를 위해 피해를 보는 상류 지역 주민들을 지원하는 것이다. 인천 등 하류 지역에 대한 지원은 이런 기본원리에 위배된다. 비록 그 규모가 아주 큰 것은 아니나, 이런 종류의 사업이 시행되고 있는 것으로 보아도 물이용부담금 요율의 하향 조정은 충분히 가능할 것으로 판단된다. 국민부담의 완화 차원에서 거의 모든 국민이 연간 1조 원 정도 부담하는 물이용부담금의 요율 인하를 검토·추진해야 한다.

여기서는 특히 문제가 많다고 판단한 네 가지 부담금의 부과 타당성을 상세히 검토했다. 부담금은 현재 총 91개가 운용되고 있고, 그 전체 징수 규모는 GDP의 1%(2022년에 22.4조 원) 수준이다. 최근 윤석열 정부가 모든 부담금의 타당성을 원점에서 검토하여 부담금을 대대적으로 정비하기로 한 것은 올바르고 환영할 만한 정책 결정이다. 이 책을 집필하고 있던 2024년 3월 말에 정부의 부담금 정비방안이 발표되었는데, 그 내용을 간략히 정리해 보면 다음과 같다.

정부는 이번 정비를 통해 18개의 부담금을 폐지하고 14개의 부담금을 감면하는 등 총 32개의 부담금을 정비하기로 했다. 앞에서 주된 검토 대상으로 검토했던 4개 부담금 중에 실제로 국제질병퇴치기금의 출국납부금(1인당 1,000원)을 폐지하기로 했고, 관광진흥개발기금의 출국납부금은 1인당 3,000원을 감면하기로 했다. 전력산업기반기금의 요율은 단계적으로 1%p를 인하하기로 했다. 물이용부담금은 정비 대상에서 제외했다. 그밖에 영화발전기금 부담금, 국제교류기금기여금, 석유수입부과금, 학교용지부담금, 환경개선부담금, 장애인고용부담금 등을 폐지하거나 감면하는 정비방안을 발표했다. 이러한 정비방안의 경감 규모는 연간 2조 원 수준이다.

이번 정비에서 그간 많은 논란이 있었던 관광진흥개발기금의 출국납부금이 1인당 7,000원으로 존치된 것과, 민생과 직결된 물이용부담금이 정비 대상에서 제외된 것은 문제가 있다고 판단한다. 그리고 전력산업기반기금의 요율 인하의 경우 좀 더 전향적인 조치가 필요하다고 본다. 그 밖의 부담금 정비의 경우 일일이 그 적절성을 검토할 수는 없으나, 대체로 필요하고 적절한 정비가 이루어지고 있는 것으로 보인다.

그런데 이번의 대대적인 부담금 정비가 적절한 조치임에도 불구하고, 이번 정비 추진의 중요한 문제점은 불필요한 부담금 정비에만 초점을 맞춘 결과 부담금 정비 후 기존 사업을 어떻게 조정하고, 관련 특별회계·기금을 어떻게 운용하고 정비할 것인지에 대한 논의와 준비가 부족해 보인다는 것이다. 특히 윤석열 정부의 전반적인 감세 정책 기조와 맞물려, 부담금 정비 이후 필요한 사업의 추진이 어려워지거나 재정건전성이 악화될 가능성이 있다.

부담금을 축소 조정하면 일부 관성적으로 우선순위가 떨어지는 사업이나 유사사업을 수행하던 것을 줄여야 하지만, 여전히 꼭 해야 할 사업들은 부담금 축소에도 불구하고 일반재원으로 수행해야 한다. 즉, 부담금 정비로 국민부담을 완화하면서, 다른 한편으로 필요한 사업은 세금 등으로 수행해야 한다. 부담금을 줄인다고 관련 모든 사업을 줄이자는 것은 아니다. 따라서 부담금을 줄이면서 일부 추가적인 재원 조달이 필요하다.

윤석열 정부의 경우 전반적인 감세정책 기조와 더불어 대대적인 부담금 정비를 추진하고 있는데, 이런 정책기조는 재정 기능을 위축시키거나 재정건전성을 악화시키는 부작용을 초래할 것이다. 타당성이 낮은 부담금을 축소하여 특별회계·기금을 정비하되, 필요한 사업은 별도의 재원을 조달해서 지속해야 한다. 부담금 정비와 더불어 그런 대책도 마련해야 한다.

국공채 강제소화제도 정비로 국민부담 축소

우리가 자동차를 살 때, 개별소비세, 교육세, 부가가치세, 취득세 등을 제외하고도 수십만 원에서 때로는 100만 원이 넘는 꽤 많은 금액을 지불하는 것이 있다. 바로 공채할인 비용인데, 이는 자동차를 살 때 의무적으로 구입해야 하는 도시철도채권(서울, 부산, 대구)과 지역개발채권의 할인 비용이다. 즉, 이들 채권을 강제로 구입해야 하는데, 공채금리가 시중금리보다 낮고 5~7년간 보유하기 때문에 대부분의 자동차 구매자들은 목돈을 저리로 운용하기보다는, 이에 대한 할인 비용을 지불하는 방식으로 자동차를 등록하게 된다. 이때 공채할인 비용이 준조세처럼 발생하는 것이다.

자동차를 구입할 때만 이런 비용이 발생하는 것이 아니다. 지자체로부터 면허·허가·인가를 받는 자, 지자체에 등록을 신청하거나 신고하는 자, 지자체와 건설공사 도급계약을 체결하는 자, 지자체와 용역 계약이나 물품 구매 계약 등을 체결하는 자 등은 일정액의 지역개발채권을 강제로 매입해야 한다. 도시철도채권의 강제 매입 요건도 유사하다.

이런 강제소화 채권에 지방채만 있는 것이 아니다. 국채인 국민주택채권도 일정 요건에 해당하는 자는 강제로 매입해야 한다. 즉,

국가 또는 지자체로부터 면허·허가·인가를 받는 자, 국가 또는 지자체에 등기·등록을 신청하는 자, 국가·지자체 또는 정부투자기관과 건설공사의 도급계약을 체결하는 자는 국민주택채권을 강제로 매입해야 한다. 이 경우에도 대부분 저리로 5년간 목돈을 운용하는 대신 할인 비용을 지불하는 선택을 하게 된다.

이런 '국공채 강제소화' 방식은 한마디로 개발연대에나 있을 법한 구시대적 재정운용 방식이다. 이런 방식으로 정부나 지자체는 저리로 자금을 빌릴 수 있고, 소비자나 사업자 등은 준조세 형태의 비용을 부담한다. 정확한 추정은 어렵지만, 그 부담 규모는 연간 수천억 원 규모에 달할 것으로 추산된다. 대규모 자금을 운용하는 은행 등은 시중금리와 수수료를 받으면서 안정적으로 자금을 운용할 수 있다. 이제 이런 방식은 없애야 한다.

이런 방식은 반시장적이고, 이런 방식을 뒷받침할 만한 경제적 논리는 없다. 시장의 자원배분을 왜곡하고 국민의 준조세 부담만을 늘릴 뿐이다. 정부나 지자체가 사업의 필요성과 재정 상황에 따라 차입 규모를 결정하고, 정부나 지차체의 신용도에 따른 합당한 이자를 지급하면서 자금을 조달하는 것이 올바른 방식이다. 이렇게 할 때 정부나 지자체가 보다 신중하게 사업 규모와 차입 규모를 결정하게 될 것이다. 현재 방식에서는, 경우에 따라서는 정부나 지자체의 의지와 상관없이 채무 규모가 늘어날 수 있는 문제도 있다.

이제 국공채 강제소화 방식을 폐지하고, 그에 따라 사업 규모를 조정하고, 필요한 재원은 세금이나 적정한 이자를 부담하는 국공채 발행으로 조달해야 할 것이다. 이것이 국공채시장을 선진화하는 첫 걸음이 될 것이다.

제9장
관점과 정책의 '새로운' 전환

1. 경제에서 사회로
2. 생산자에서 소비자로
3. 수도권에서 지방으로

지금까지 조세·재정정책을 중심으로 우리 경제가 한 걸음 더 나아가기 위한 다양한 정책들에 대해 논의하고 대안들을 제시하고자 했다. 여기서는 지금까지 논의한 정책과 향후의 모든 정책을 시행할 때 적용하고 강조해야 할 '새로운' 관점으로서, 세 가지 '발상의 전환'에 대해 이야기하고자 한다. 그 세 가지는 ① 경제에서 사회로, ② 생산자에서 소비자로, ③ 수도권에서 지방으로 등이다.

우리는 개발연대 이래 너무 오랫동안, 그리고 현재까지도 언제나 사회 문제보다는 경제 문제 중심, 소비자·수요자보다는 생산자·공급자 중심, 그리고 지방발전을 도외시한 수도권 개발에 치우친 정책들을 수행해 왔다. 이제 이러한 기본방향과 관점을 바꾸는 발상의 전환이 필요하다. 그것이 현재 우리에게 필요한 정책 패러다임의 전환이다. 이런 발상의 전환에 부합하는 정책을 수행할 때 우리에게 닥친 어려움을 극복해 나갈 수 있을 것이다. 지금까지도 이러한 새로운 관점에서 정책 대안들을 제시해 왔지만, 여기에서는 다시 한번 그 새로운 기본 관점들의 중요성과 필요성에 대해 이야기해 보고자 한다.

1. 경제에서 사회로

경제 문제와 사회 문제는 동전의 양면과 같다. 효율성과 형평성도 그렇다. 어느 것이 더 중요하다고 할 수는 없다. 그런데 우리는 1960년대 이래 개발연대를 거치면서 너무 오랫동안, 현재까지도 너무나 경제 중심적인 시각에서, 효율성에만 집착하여 모든 문제를 파악하고 정책을 수행해 왔다고 할 수 있다. 그런 결과로 오늘의 심각한 사회 문제가 초래되었다고 할 수 있다.

이제 이런 것을 전환하자는 것이다. 현시점에서 더 심각한 문제는 저출산, 고령화, 양극화로 대변되는 인구·사회 문제이다. 이런 문제가 해결되지 않으면 더 이상 성장할 수도 없는 상황이다. 이제 이런 문제들을 중심에 놓고, 효율성과 형평성의 조화를 꾀하면서 정부가 해야 할 일들을 제대로 해야 한다.

개발연대에 시장 자체가 제대로 만들어져 작동할 수 없었고, 산업이 유치산업 단계에 머물렀을 때 우리는 수출주도형 공업화를 위한 정부 주도의 산업지원 정책으로 오늘의 고도성장을 이루었다. 그런데 그 이면에서 여러 가지 불균형·불평등 성장전략의 폐해가 나타나 쌓이기 시작했고, 그 문제들이 저출산, 양극화의 양상으로 나타났다고 할 수 있다.

이 사회 문제들은 시장의 힘으로 해결하기 어려운 문제들이고, 그간 시장에게만 맡겨 왔기 때문에 심각해진 문제들이다. 이제 정부가 집중해서 지혜를 발휘해야 할 문제들은 시장이 해결하지 못하는 인구·사회 문제들이다. 이런 문제들을 해결하는 것이 경제 문제를 해결하는 방법이다. 이런 의미에서 기본 관점을 경제에서 사회로 전환하자는 것이다. 정책 및 재정 운용에서 그 첫걸음은 지금까지의 산업지원을 크게 줄이고, 사회 문제 해결을 위한 지원을 대폭 늘리는 것이다. 예산운용 면에서 경제예산을 줄이고, 사회예산을 늘리는 구조조정을 강력하게 추진해야 한다.

우리나라 보수진영은 일반적으로 늘 작은정부를 주장하면서도 산업과 민간기업에 대한 지원 등 개발연대식 '산업지원'은 강조하는 경향을 보이고 있다. 한편으로 정부 개입의 최소화를 주장하면서, 다른 한편으로는 산업에 대한 지원을 늘려야 한다고 주장하는 것이 저자가 파악하는 우리나라 보수진영의 특이점이다. 정부는 일종의 타성에 젖어서 이런 지원을 계속하고 있는데, 언제까지 이런 개발연대식 산업지원을 지속하겠다는 것인지 잘 모르겠다. 이미 거대해진 민간 산업 부문의 실력을 키울 정부의 직접적 수단은 별로 없는데 말이다.

역대 정부들이 '혁신성장'을 강조하면서 첨단산업 분야의 '산업생태계 육성' 등을 강조하는데, 정부가 사회안전망 강화 같은 일을 할 능력은 있겠지만, 무슨 능력으로 첨단산업의 생태계를 조성하고 육성할 수 있을지 모르겠다. 혁신성장은 산업의 생산성을 제고해 나가는 꼭 필요한 과제이기는 하나, 이 과제는 별다른 구체적 정책 수단이 없고, 기본적으로 많은 것을 시장에 맡겨야 할 과제이다. 정부가 나선다고 잘 할 수 있는 그런 문제가 아니다. 시장에 많은 것을 맡기면서, 정부는 시장질서가 제대로 작동하는지 감시하고, 불필요한 규제가 있다면 완화하고, 시장이 공급하지 못하는 인프라 확충 등을 위해 꾸준히 노력해 나가야 한다.

그런데 흔히 혁신성장의 구체적 수단으로 규제혁신을 강조한다. 규제를 혁파해서 경제를 활성화하자는 주장이다. 그러나 우리는 이 규제혁신 논의를 보다 객관화하고 과학화해야 한다. 모든 규제의 비용과 편익을 객관적으로 평가해서 편익은 별로 없고 비용만 큰 규제를 없애자고 주장하는 것이 올바른 접근법이다. 세상에 비용만 많고, 편익이 없는 규제를 옹호할 사람은 아무도 없다.

이러한 접근에서 공정거래질서의 유지·발전, 환경 보호, 근로자·소비자의 안전·보호 등을 위한 규제는 오히려 강화해야 한다. 우리는 오랫동안 당장의 성장률에 집착해서 이런 분야에서 꼭 필요한 규제들을 제대로 하지 못했다. 소비자가 불편하고 근로자가 안전하지 못하고 환경이 파괴되어도 일단 더 성장하는 것이 우선이라는 식의 정책을 시행했었다. 이제 이런 것들을 바로잡아서 이런 분야의 규제는 강화해야 한다. 그것이 궁극적으로 더 성장하는 방법이기도 하다.

독과점은 시장의 효율적 자원배분을 가로막고 사회적 순손실을 가져온다. 그러니 규제하는 것이다. 예컨대, 미세먼지 문제를 완화하는 정책은 생산·소비 활동을 촉진하는 성장정책이다. 소비자가 안심하고 사용할 수 있는 제품과 서비스를 생산할 때 소비가 늘어날 수 있다. 근로자의 안전을 지키는 것이 한 사람의 생명과 건강을 지키면서 생산능력을 유지하고 확충하는 방법이다.

당장의 산업 활동 활성화를 위해 규제 철폐를 주장하는 것은 개발연대식·산업지원식 사고의 결과물이다. 규제혁신을 이야기하면서 규제가 도입된 원래 취지와 순기능은 전혀 고려하지 않은 채, 그저 자유로운 사업 활동을 가로막는 것들을 없애 경제를 활성화하자는 식의 주장만 하는 경향이 있다. 사업자 입장에서 당장 돈 벌기 좋은 여건을 만들어달라는 식의 규제 철폐 주장은 제대로 된 정책 논의라 할 수 없다. 이런 주장은 경제성장에도 결코 도움이 되지 않는다. 이제 우리 산업발전 단계는 이런 수준의 논의를 할 단계를 한참 넘어섰는데, 일부 정책 논의는 아직 이 수준을 벗어나지 못하고 있는 것으로 보인다.

예산운용에서, 산업지원을 위한 예산은 최근에도 줄지 않고 늘어나는 추세이다. 문재인 정부는 2019년 이래 재정지출 증가율을 크게 높이는 정책을 추진하면서, 사회예산도 대폭 늘렸지만 산업지원을 위한 경제예산도 크게 늘렸다. 2020년에 산업·중소기업·에너지 분야 예산 증가율을 27.5%로 높게 설정한 것은 최근에 산업지원 예산을 크게 늘린 중요 사례이다. 당시 일본의 수출 규제와 미·중 무역협상 등 대외적 위험 요인을 감안하더라도 이 분야 지출 증가율이 지나치게 높았다고 판단한다. 이는 대외 위험 요인에 대한 지나치게 단기적인 대응과 개발연대식 산업지원 방식의 결과물로 보인다.

산업·중소기업·에너지 분야는 기본적으로 개발연대가 지나고 민간 주도의 경제체제가 확립되면서 예산 지원을 절대적인 수준에서 줄여 가야 할 분야이다. 사실 얼마 전까지의 국가재정운용계획에서도 이 분야 지출 증가율은 매우 낮거나 마이너스로 책정되었었다. 그러던 것이 문재인 정부 들어 2020년부터 다시 크게 높아진 것이다. 2024년에 산업·중소기업·에너지 분야 예산 규모는 전년 대비 4.9% 증가한 27.3조 원으로, 절대적으로 여전히 큰 규모의 예산을 투입하고 있다. 향후 이 분야 예산 투입 규모 자체를 상당 폭 줄여야 한다.

산업지원 관련 예산운용에서 역대 정부는 수출·투자 진작을 위한 정책금융 확대 등을 통해 경제 활력을 제고하고자 했다. 그런데 현재와 같은 경제 여건에서 과거 개발연대식 정책금융은 줄여 나가야 한다. 중소기업에 대한 광범위한 정책금융 지원도 이제 근본적으로 그 지원의 타당성과 실효성을 점검해서 축소해야 한다. 수출시장 개척을 위한 수출입은행·무역보험공사 등에 대한 출자 확대, 단기수출보험 등 무역금융 확충 등이 여전히 큰 규모의 정부 예산 지원으로 지속되어야 하는지 점검할 필요가 있다.

해외전시회·사절단 예산 지원 등 수출마케팅 지원이 여전히 정부 예산 지원 확대의 대상인지 의문이다. 소재·부품·장비 전용투자 자금 공급 등을 위한 모태펀드, 혁신모험펀드 등에 정부가 출자하고, 기업의 설비투자 자금을 정부의 보증과 융자 등으로 지원하는 것이 여전히 필요하고 실효성이 있는지 검증해야 한다. 일반적으로 과거 개발연대식 산업지원과 정책금융이, 그 정책부서와 예산 항목이 그대로 있기 때문에 지속되고, 어려운 대외 여건을 극복하기 위한 단기적·보여주기식 대응에 급급해서 예산의 과다 지원으로 이어지고 있는 것이 아닌지 따져 보아야 한다.

이제 이런 산업지원용 경제예산을 줄이고, 사회 문제 해결을 위한 예산을 대폭 늘려서 저출산, 고령화, 양극화 문제를 해결해 나가야 한다. 경제와 산업은 시장에 더 많은 것을 맡기고, 정부가 운용하는 정책 수단은 사회 문제 해결에 집중해야 한다. 각종 인구·사회 문제에 더 깊은 관심을 쏟고 우리의 정책역량을 더 집중해야 한다. 그런 의미로 우리의 기본 관점을 경제에서 사회로 전환하자는 것이다.

2. 생산자에서 소비자로

우리가 그동안 경제 문제에 집중하고 산업지원에 많은 자원을 투입해 왔다는 것은, 다시 말하면 생산자·공급자 중심의 지원과 정책을 해왔다는 이야기가 된다. 소비자의 안전과 권익, 소비자 보호라는 가치는 상대적으로 중요하지 않은 가치이자 정책 지향점이었다. 나아가서 산업과 기업 위주의 정책은 환경 보호나 근로자 안전 등의 가치도 상대적으로 등한시하는 정책이었다.

우리는 오랫동안, 당장 더 성장하기 위해서는 소비자 권익이나 근로자의 안전, 환경의 가치 등은 희생될 수도 있다고 생각하는 정책환경 속에서 살아 왔다. 경제력이 현 수준에 이른 시점에도 이런 정책기조와 사고의 틀은 크게 바뀌지 않은 것으로 보인다. 이제 이를 바꾸자는 것이다. 소비자가 보호되고 근로자가 안전하고 환경의 가치가 존중될 때 기업과 산업도 궁극적으로 더 발전하고 여러 사회문제도 개선할 수 있다. 다음에서 몇 가지 구체적 사례들을 중심으로 이런 정책전환에 대해 살펴보겠다.

소비자가 구매한 제품에 하자가 있는 것을 발견했을 때 일정한 요건에 맞추어 제품의 교환이나 환불을 해주는 장치는 소비자 입장에서 가장 기본적인 보호 장치이다. 이런 장치가 있어야 소비자는 안심하고 제품을 구매할 수 있고, 생산자는 이런 하자를 최소화하기 위한 노력을 하는 과정에서 제품의 질을 높여 나갈 수 있을 것이다.

저자가 1985년에 처음 미국으로 유학을 갔을 당시 놀라웠던 것 중 하나가, 미국 백화점 등에서 물건을 산 후 영수증만 갖고 있으면 일정 기간 내에 구매한 제품을 매우 쉽게 교환하거나 환불할 수 있었던 것이었다. 당시 한국에서는 이런 것이 매우 어려웠던 것으로 기억한다.

우리나라에서도 점차 이런 교환·환불 제도는 발전해 왔다. 그러나 정작 중요한 고가 제품 중에서 기본적인 소비자 보호 장치가 미비한 제품이 있는데, 그 대표적 사례가 자동차이다. 자동차는 고가일 뿐만 아니라 제품의 하자는 생명과 안전에 직결되어 있는데, 정작 자동차의 하자 발생 시 교환하거나 환불받기가 어렵게 되어 있다. 이런 상황이 우리나라의 전통적이고 뿌리 깊은 기업과 산업 지원 위주의 정책 틀로부터 초래된 측면도 있는 것으로 판단한다. 하나의 사례를 넘어 이런 정책 틀을 바꿔야 한다. 이 사례를 파악하기 위해서는 소위 '한국형 레몬법'을 살펴보아야 한다.

한국형 레몬법은 자동차관리법의 한 조항으로, 신차 구입 후 1년(주행거리 2만km) 이내에 중대한 하자로 2회(일반 하자로 3회) 이상 수리하고도 증상이 재발하면 제조사에 교환이나 환불을 요구할 수 있는 제도이다. 미국은 자동차와 전자제품에 대한 교환·환불을 규정한 레몬법을 1975년에 제정했는데, 우리나라는 자동차에 대한 레몬법을 2019년부터 시행했다. 도입 시기부터 너무 늦었다.

2024년 초 몇몇 언론 보도를 보면(YTN 등), 이 법은 시행한 지 4

년이 지났지만 실제로 적용되는 경우는 매우 적어 유명무실하다는 비판이 제기되고 있다. 법 시행 이후 4년간 접수된 중재 신청 2,100여 건 중 실제 교환 및 환불이 이루어진 것은 296건(15%)에 그쳤다. 이마저도 대부분 소비자와 업체가 합의를 본 경우였고, 법이 정한 중재위원회 중재를 거친 건수는 15건에 불과했다(한국교통안전공단). 전문가들은 국내 레몬법의 가장 큰 문제점으로 차량의 결함을 소비자가 입증하게 한 것을 꼽고 있다. 미국 레몬법의 경우 차량 결함에 대한 입증 책임이 제조사에 있다고 한다.

제조사보다 차량에 대해 더 상세히 알 리 없는 소비자가 차량에 결함이 있다는 것을 입증하는 것은 거의 불가능에 가깝다. 법은 늦게나마 시행되었지만, 실효성은 없는 상황이다. 그렇게 큰 액수의 돈을 지불하고 차를 운전할 때마다 생명의 위협을 느끼면서 보호를 받지 못한다면 이는 정말 잘못된 것이다. 자동차라는 하나의 사례를 넘어 지나치게 생산자 중심적인 정책 속에서 소비자가 거액을 지불하고도 부당하게 위협받고 있는 현실이 아닌지 되짚어 보아야 한다.

자동차 관련 또 한 가지 중요한 사례는 요즘 많은 관심을 받고 있는 자동차 급발진 의심 사고 문제이다. 한국교통안전공단이 2010년부터 2022년까지 집계한 급발진 의심 사고는 766건이다. 2017년부터 2021년까지 소방청이 집계한 급발진 추정 사고는 약 800건이다. 자동차 급발진 사고는 사고 피해가 매우 크고, 그 책임 소재와 관련해서 많은 논란이 일고 있다.

이 문제를 살펴보기 위해 우선 우리나라 제조물책임법의 도입 현황을 살펴보아야 한다. 제조물책임법은 제조물의 결함으로 인하여 발생한 손해로부터 피해자를 보호하기 위해 2000년 1월에 법이 제정되고, 2002년 7월 1일부터 시행되었다. 피해자를 보호하고 국민 생활의 안전과 제품의 안전에 대한 의식을 높여 기업의 경쟁력 향상을 도모하기 위한 법이다. 우리나라 제조물책임법은 다른 나라에 비해 늦게 도입되었다. 미국은 1960년 이후 판례에 의해 확립되었고, 영국은 1988년, 독일은 1990년, 중국은 1993년, 일본은 1995년부터 시행했다.

제조물책임법에서 피해자는 ① 해당 제조물이 정상적으로 사용되는 상태에서 피해가 발생했고, ② 손해가 제조업자의 실질적인 지배영역에 속한 원인으로부터 초래되었고, ③ 손해가 해당 제조물의 결함 없이는 통상적으로 발생하지 않는다는 사실을 입증해야 제조물의 결함으로 인해 손해가 발생한 것으로 인정받을 수 있다.

문제는 자동차 급발진 사고의 경우 자동차의 결함을 소비자인 운전자가 입증하는 것이 거의 불가능하다는 점이다. 1만 5,000개에 달하는 부품으로 만들어진 자동차의 기술적 결함을 소비자가 입증하는 것은 불가능한 일이다. 따라서 지금까지의 급발진 의심 사고에서 자동차의 결함이 최종적으로 인정된 사례는 없다.

자동차 급발진 사고 문제의 처리에서 소비자가 제대로 보호받지 못하는 것은 우리나라만의 문제는 아닌 것으로 보인다. 그러나 오랜 산업지원의 전통에서 생산자 쪽으로 더 많이 기울어진 운동장을 가진 우리나라 현실에서, 이제 많은 국민이 관심을 갖는 이 문제에서부터 소비자의 권익을 보호하는 제도 개선을 추진할 필요가 있다고 판단한다. 실제로 그런 움직임이 국민청원과 국회의 입법 과정에서 나타나고 있다.

지난 2022년 말 강릉 급발진 의심 사고로 손자가 사망하고 할머니가 형사 입건되는 사고 후, 급발진 사고의 입증책임을 운전자에서 자동차 제조사로 전환하는 국민동의청원이 이루어졌다. 이후 동일 취지의 법 개정안이 여러 건 제출되었는데, 2023년 5월에 허영 의원 등이 발의한 제조물책임법 일부개정법률안은 제조물이 자동차인 경우 그 결함 및 손해의 입증책임을 자동차 제조업자가 지도록 하는 특례를 두는 개정안이었다.

이런 안들이 2023년 6월에 국회 정무위원회 법률심사 제2소위원회에서 검토되었다. 여기서 주무 부처인 공정거래위원회는 민사소송의 일반 원칙상 손해를 입고 배상을 주장하는 피해자 측이 어떤 위법행위나 결함과 손해의 인과관계를 입증하는 것이 일반적인 원칙이고, 다른 나라에 이런 사례가 없다는 이유를 들어 법 개정에 반대했다. 소위원회에서는 추후 이 문제를 더 검토하기로 했고, 이 법안은 상임위 문턱조차 넘지 못하고 21대 국회 임기 종료와 함께 자동 폐기될 것으로 보인다.

실제로 이 소위원회 회의록을 보면 공정거래위원회 당국자는 법 개정에 반대하면서 이런 법 개정이 이루어질 때 산업계의 피해가 크고, 산업계가 '결사반대'하고 있다는 언급을 하고 있다. 산업계에서 반대하는 것은 당연하겠으나, 소비자 보호를 주된 업무의 하나로 하는 공정거래위원회조차 산업계 걱정을 먼저 하는 듯해서 씁쓸하게 느껴졌다. 여기서 이 문제를 상세히 다루고 있는 것도 그간의 생산자 위주의 정책 패러다임을 소비자 위주로 전환하자는데 이 주제가 적합하다고 생각하기 때문이다.

만일 급발진 사고가 발생한다면, 당사자인 운전자에게는 개인이 감당할 수 없을 정도의 피해와 손해, 형사상 책임 등이 발생한다. 그런데 이것이 자동차의 결함에 의한 것이라도 이를 운전자가 입증하는 것은 불가능하다. 그러면 무엇인가 이런 엄청난 문제로부터 소비자를 보호할 수 있는 예외적인 해결 방법이 있어야 하지 않는가? 제조업자의 피해 및 비용 부담과 지금까지의 관례만을 이야기할 수는 없지 않은가? 여기서 강조하는 생산자에서 소비자로의 기본 관점의 전환은 이런 예외적인 제조업자의 입증 책임의 특례까지도 전향적으로 도입하는 것을 포함한다. 앞에서 이야기한 한국형 레몬법 문제도 자동차 등의 경우에 결함의 입증 책임을 제조업자에게 두면 해결된다.

지금까지 우리의 일반적인 정책기조는 생산자와 기업과 산업을 지원하고 보호해야 한다는 것이었다. 그 과정에서 소비자의 권익이 침해되고 부당한 대우를 받아도 우리가 더 성장하기 위해서는 어쩔 수 없다는 것이었다. 이런 기조는 현재까지도 이어지고 있고, 다른 선진국에 비해서 상대적으로도 우리는 소비자의 권익 보호 등에서 뒤처져 있다. 이제 이를 바꿔야 한다. 그것이 현재의 경제 여건에 맞고, 그렇게 바꾸는 것이 오히려 기업과 산업의 경쟁력을 장기적으로 높이는 방법이다.

정부의 지원과 보호를 받는 산업이 경쟁력을 계속 키울 수 없다. 제품을 잘못 생산했을 때 소비자에게 외면받고, 피해를 본 소비자들에게 배상하기 위해 막대한 비용이 든다는 것을 인지한 기업들은 제품의 하자를 줄이고 품질을 높이기 위해 더 노력할 것이다. 그것이 산업경쟁력을 궁극적으로 높이는 방법이다.

생산자와 소비자 간 문제만 생기면 대부분 생산자의 편에 서 왔던 것으로 보이는 정부와 정치권의 입장부터 완전히 달라져야 한다. 일반적으로 기업들은 막대한 자금력과 로비력을 바탕으로 안 그래도 생산자와 소비자 간에 기울어진 운동장을 만들어 왔다. 정부, 국회, 언론 등은 이제 이 기울어진 운동장을 바로잡는 데 더욱 힘을 쏟아야 한다.

생산자가 아닌 소비자의 입장에서 문제를 해결해 나가야 하는 대표적인 최근의 사례 하나를 더 살펴보기로 한다. 그것은 지난 30여 년간의 가습기 살균제 피해 사건이다. 이 사건은 김영삼 정부부터 윤석열 정부에 이르기까지 7개 정부에 걸쳐 피해가 발생하고 관련 조치들이 이루어지고 수많은 소송이 진행 중인 초대형 초장기 사건으로, 그 과정을 일일이 정리하는 것조차 어려울 정도로 복잡한 사건이다.

1994년에 가습기 살균제 최초 제품이 시판된 이래, 가습기 살균제를 사용한 사람들의 폐에서 섬유화 증세가 일어나 2021년 1월까지 신고된 사망자 수가 1,740명, 부상자 수가 5,902명에 달하는 화학 재해이다(한국환경산업기술원 자료). 2023년 11월에는 피해자들에 대한 제조·판매회사의 배상(500만 원)을 인정하는 첫 번째 대법원 판결이 나왔고, 2024년 2월에는 고등법원에서 가습기 살균제 피해에 대한 국가 손해배상 책임(300만~500만 원)을 인정하는 첫 판결이 나왔다. 이 판결은 대법원의 판단을 받기로 했고, 이밖에도 수많은 소송들이 진행 중에 있다.

저자가 이 사건의 내역을 자세히 알 수 없고, 책임 소재를 객관적으로 판단할 수도 없다. 다만 지난 30여 년에 걸쳐 많은 인명 피해를 가져온 이 대형 사건에서 과연 정책당국자와 관련 기관들이 소비자의 안전을 제대로 지키고 권익을 보호하는 역할을 제대로 수행했을지에 대해서는 의구심이 든다. 우리는 많은 경우 안전 문제에 둔감했고, 문제가 불거졌을 때 신속하고 객관적인 조사·평가가 제대로 이루어지지 못한 경우가 많았으며, 많은 경우 늘 그랬듯이 강한 로비력을 가진 생산자와 제조업자의 입장에 서서 소비자의 권익을 지키는 일은 등한시하는 경향이 있었다고 볼 수 있다.

정책 수행과 행정에 있어 우리의 기본 관점이 진작에 생산자 중심에서 소비자 중심으로 이동했다면, 이런 대형 재해의 피해도 최소화하고 그 처리도 보다 신속하게 할 수 있었을 것으로 본다. 모든 문제들을 피해자와 그 가족들이 오롯이 떠안고, 그렇게 오랫동안 그렇게 고통받으며 제조·판매사의 책임을 입증하기 위해 노력하지 않아도 되었을 것이다. 그런 사회로 나아가는 것이 선진화이다.

이제 향후의 모든 정책 수행과 제도 개선에서 생산자와 기업과 산업을 지원하는 것으로부터 소비자의 안전과 권익을 지키고, 나아가 근로자의 안전을 지키고 환경을 보호하는 방향으로의 전환이 이루어져야 한다. 재정운용에서 산업지원을 위한 경제예산을 줄이고 인구·사회 문제 해결을 위한 사회예산을 늘리는 구조조정은 이러한 기본 관점의 전환에 부합한다.

3. 수도권에서 지방으로

우리나라 수도권의 인구 집중도는 세계적으로 가장 높은 수준이고, 지속적으로 높아지고 있다. 서울, 인천, 경기도를 합한 지역으로 정의되는 수도권은 전 국토 면적의 11.8%에 해당하는데, 2023년 12월 기준 총인구의 50.68%가 수도권에 살고 있다. 이 비율은 2011년의 49.25%에서 계속 높아져 왔다. 2022년에 우리나라 전체 인구밀도는 km^2당 514명인데, 수도권의 인구밀도는 2,195명에 달한다. 수도권 인구 집중 자체가 중요한 인구·사회 문제이다.

안 그래도 좁은 국토를 이렇게 좁게 사용하는 것은 지역 간 개발과 삶의 질 격차 등 형평성의 문제를 넘어, 이 자체가 국토의 매우 비효율적인 사용을 의미한다. 수도권은 부지가 부족하고, 개발 비용이 비싸고, 주거 및 생활 비용이 높은 반면, 비수도권은 땅이 남아돌고 지역 소멸을 걱정하면서 추가적인 개발 및 관리 비용이 발생하고 있다. 수도권 집중을 완화하고 지방균형발전을 추진하는 것은 지역 간 격차를 줄이는 형평성 제고를 위한 정책일 뿐 아니라, 국가 전체적인 차원에서 국토 이용의 효율성을 높이는 효율성 제고 정책이기도 하다. 이제 모든 정책의 기본 관점이 '수도권에서 지방으로' 전환되어야 한다.

역대 정부들이 수도권 집중을 완화하고 지방균형발전을 이루기 위한 정책을 추진했지만, 수도권 집중 추세는 점점 강화되어 왔다.

이런 상황에서 혹자는 수도권정비계획법으로 대표되는 각종 수도권 집중 억제 규제들이 효과가 없고, 따라서 오히려 그런 규제들을 풀어서 인프라가 잘 갖추어진 수도권에 투자를 늘리는 것이 경제를 활성화하고 더 성장하는 방법이라고 주장하기도 한다. 그러나 이런 주장에는 전혀 동의할 수 없다.

만일 지금까지의 각종 규제가 없었다면 수도권 집중 문제는 더 심각해졌을 것이다. 그나마 지금까지의 규제와 정책들이 수도권 집중 문제가 더 악화되는 것을 막았다고 보는 것이 타당하다. 당장의 투자 활성화를 위해 입지가 좋은 수도권의 규제를 풀자는 주장은 단기적으로는 성과가 나타날지 모르나, 중장기적으로 보면 수도권의 제반 비용을 높이고 지방의 소멸을 촉진해서 파국적인 결과를 초래할 것이라고 판단한다.

최근 저출산을 극복하기 위한 대책 차원에서도 수도권 집중 문제를 해결해야 한다는 주장이 상당한 공감대를 얻고 있다. 저자가 기억하기에 이런 주장을 제일 먼저 영향력 있게 제시한 사람은 인구학자인 서울대 조영태 교수이다. 사실 지금까지 저출산 대책의 주된 방향은 아이를 낳고 기르는 비용을 사회가 분담해서 그 비용을 낮추는 것이었다. 출산에 대한 직접 지원과, 보육·교육·주택 등의 비용을 사회가 분담하는 방안이다. 이 자체는 출산율을 높이기 위해 꼭 필요한 것이다. 여기에 더해서, 지금까지 많이 거론하지 않았던 출산 대책으로 수도권 집중 완화와 지방균형발전을 이야기하기 시작한 것이다.

조 교수는 수도권 집중 현상으로 대변되는 높은 인구밀도 및 편중 현상이 초저출산의 원인이라고 주장한다.[•] 수도권에서 더 치열한 경쟁에 내몰린 사람들은 아이를 낳는 것보다 생존에 집중하게 된다. 이는 환경적·심리적 요인으로 인해 젊은이들의 생존 본능이 극대화된 결과이다. 인구학자인 맬서스의 이론을 토대로 보면 자원이 한정된 상황에서 인구가 증가하면 경쟁이 치열해지고 생존 본능이 재생산 본능보다 앞서게 된다. 이 이론이 현 우리나라 상황에 딱 맞는다고 보는 것이다.

조 교수는 국가 간 통계와 우리나라 지역별 통계를 이용해서 인구밀도와 합계출산율 간에 음의 상관관계가 존재하는 연구 결과들을 보여 주고 있다. 그는 "처음부터 수도권 편중 문제 해소에 발 벗고 나서, 정치·경제·문화적으로 서울에 대항할 정도의 대도시를 2개 정도만 확실하게 전략적으로 육성했다면 상황이 완전히 바뀌었을 것"이라고 주장한다.

저자도 이런 주장에 공감한다. 청년들은 일자리를 찾아 수도권에 몰리는데, 수도권의 주거비 및 생활비가 높은 상황에서 그들은 치열한 경쟁에 내몰리고, 그러니 혼인을 하고 출산을 할 엄두를 내기 어려워지는 것이다. 아이를 낳으면 보육과 교육 비용도 많이 들고,

• 조영태(2021), 『인구 미래 공존』, 북스톤 참조.

여성들은 경력을 이어 나가기 어렵다는 점도 인식한다. 그래서 출산율이 떨어지는 것이다.

이런 상황에서 기존의 출산 지원과 보육·교육·주택 등의 비용을 사회가 분담하는 지원에 더해서, 수도권 집중을 완화하고 지방을 발전시키는 정책이 출산할 수 있는 환경과 여건을 조성하는 근본적 대책이 될 수 있는 것이다. 수도권 집중을 완화하고 지방균형발전을 이루는 것은 우리가 현재 당면한 가장 심각한 문제인 저출산 문제를 극복하기 위해서도 매우 중요한 정책과제이다. 세 번째 기본 관점의 전환으로 '수도권에서 지방으로'는 이런 의미도 갖는다.

조 교수도 언급한 바와 같이 수도권에 대항할 만한 대도시를 지방에 몇 개 건설하는 것이 절실한 과제이다. 이런 맥락에서 2020년부터 추진하다가 2023년에 좌초된 부산·울산·경남의 일명 부울경 메가시티 구상은 현시점에서 다시 추진해야 할 과제로 본다. 메가시티는 인구가 1,000만 명을 넘는 도시를 말한다. 행정적으로는 구분되어 있어도 하나의 경제·생활권으로 기능적으로 연결되어 있는 대도시권을 말한다.

부울경 메가시티는 당시 800만 명 수준의 부산, 울산, 경남 인구를 2040년까지 1,000만 명 수준으로 늘리는 것을 목표로 광역 교통망, 광역 단위의 산업 및 교육 체계 정비 등을 추진하기로 계획했었다. 그러나 민선 7기 지자체장들에 의해 추진되다가 다른 정당 소속의 민선 8기 지자체장들이 들어오면서 계획이 폐지되었다.

수도권 집중 완화와 지방균형발전을 위해 부울경 메가시티 같은 계획을 전국 몇몇 곳에서 추진하는 것이 필요하다고 본다. 기존의 광역시들을 중심으로 주변 지역을 통합하여 보다 넓은 경제·생활권을 만들어 일종의 규모의 경제를 실현해 나가는 것이다. 이를 위한 행정·재정적 지원을 강화해야 한다. 개인적인 정책 아이디어 제공 차원에서, 현재 행정중심복합도시로 빠르게 발전하고 있는 세종시와 주변의 대전시, 그리고 청주시까지 아우르는 중부권 메가시티(일명 대청세 메가시티) 추진도 검토할 만한 가치가 있다고 생각한다. 대구광역시나 광주광역시 주변 지역의 통합을 통한 광역화 추진도 검토해야 할 것이다.

그런데 2023년 말에 정치권 일각에서 김포를 서울에 편입하고, 다른 서울 주변의 여러 지자체들(예컨대, 고양, 성남, 구리, 과천 등)을 서울에 편입하는 '메가시티 서울' 방안이 제안되었는데, 이는 한마디로 지금까지 강조한 '수도권 집중 완화와 지방균형발전'에 역행하는 방안이라고 판단한다.

기본적으로 수도권에 인구가 몰리는 것이 심각한 문제이고, 수도권은 서울, 인천, 경기도 지역이다. 김포나 주변 도시들을 서울에 편입해서 서울 수준의 인프라를 갖추게 하는 것은, 결국 전국적인 시각에서 보면 수도권에 인프라를 확충해서 지방에서 수도권으로 인구를 이동하게 하는 정책이다. 김포 등이 서울에 편입되고 메가시티 서울이 추진되면, 서울 이외의 수도권 지역에서도 인구가 유입되겠지만, 지방에서도 메가시티 서울로 인구가 더 유입될 것이 거의 확실하기 때문이다.

수도권에 인구를 더 늘리는 정책은 지금까지 논의한 대로 결코 국가 발전에 도움이 되지 않는다. 우리가 나아가야 할 방향은 다시 한번 수도권 집중 완화와 지방균형발전이다. 그것이 지역 간 격차를 줄이고, 국토를 효율적으로 사용하게 하고, 저출산도 극복하는 방안이다. 메가시티는 수도권을 제외한 지역에서 추진해야 한다.

우리는 7장에서 교육개혁의 중요한 방안으로 '지역거점대학 집중육성사업'을 제시한 바 있다. 또 그 대상인 지역거점 국립대들은 부속대학병원들을 운영하고 있기 때문에 지역을 대표하는 초일류 병원도 육성할 것을 제안한 바 있다. 지방을 살리고 살 만한 곳으로 만들 때 가장 기본적으로 필요한 것이 좋은 학교와 병원이다. 지방 곳곳에 좋은 학교와 병원을 만드는 데 역량을 모으고 재정투자를 집중해야 한다는 점을 앞에서도 강조했다. 부울경 메가시티나 중부권 메가시티 등을 추진한다면, 그 지역의 학교와 병원에 대한 재정투자를 확충하는 일부터 시작해야 한다. 광역 교통망 체계 구축을 위한 투자도 확충해야 한다.

앞서 8장에서 재정관리체계의 개혁방안으로 지방재정과 지방교육재정에 대한 관리를 재정당국인 기획재정부로 일원화하는 방안을 제안했다. 또 재정사업에 대한 평가를 강화하고 이를 전담하는 부처로 재정관리처를 신설할 경우, 지방재정·지방교육재정에 대한 평가도 이 부처에서 담당하게 할 것을 제안했다. 이러한 체계 개편은 중앙재정·지방재정·지방교육재정 간의 일관성과 보완성을 제고하고, 재정지출의 효율성을 높이기 위한 것이다. 이는 지방재정 및 지방교육재정 운용의 효율성을 높여서 지방을 더 살 만한 곳으로 바꾸는 재정투자를 확충하게 하고, 그런 투자의 효과성을 제고할 것이다.

이렇게 우리가 앞에서 제시한 방안은 여기서 논의한 수도권 집중 완화와 지방균형발전을 위한 중요한 정책 수단도 될 것이다. 이런 정책이나 제도 개선은 진정한 의미의 지방시대를 열어나가는 데 기여할 것이다.

제10장
결론: 문제 해결의 대안은 무엇인가?

특이한 나라, 한국

문제 해결의 대안: 부정의의 시정과 조세·재정 기능의 정상화

시장의 힘, 정부의 지혜

특이한 나라, 한국

한국은 여러 가지 면에서 정말 특이한 나라다. 일본의 식민 지배를 거쳐 해방을 맞고 남북이 분단된 상태로 정부를 수립했다. 정부 수립 후 2년이 채 지나지 않아 발발한 전쟁으로 수많은 사람이 죽고 다치고 거의 모든 것이 파괴되었다. 전쟁의 폐허를 극복하고 1960년대 초부터 수출주도의 공업화 전략하에서 정부 주도의 경제개발이 시작되었다.

이후 우리는 세계 어디서도 유례를 찾기 어려운 고도성장을 달성했다. 현재 우리는 국내총생산(GDP) 규모에서 세계 10위를 조금 넘는 수준의 경제 대국으로 성장했다. 1인당 국민총소득(GNI) 3만 불 이상, 인구 5,000만 명 이상인 국가를 지칭하는 30-50 클럽 국가는 전 세계에 일본, 미국, 영국, 독일, 프랑스, 이탈리아와 한국 등 7개 국가밖에 없다.

1인당 국민총소득은 세계 30위권 내외 수준인데, 산유국과 소규모 국가들을 제외하면 우리 순위가 많이 올라간다. 구매력평가(PPP) 기준 1인당 국민총소득이 영국, 프랑스와 큰 차이가 없고, 이탈리아, 일본을 앞서기도 한다. 지난 60여 년간의 경제개발 결과, 우리는 세계 최빈국에서 경제력에서 남부럽지 않은 나라로 성장했다. 우리는 반도체, 스마트폰 등 전자제품, 자동차, 조선, 석유화학, 첨단무기 등의 생산능력과 기술 면에서 세계 최고를 자부할 수 있는 나라이다.

경제력뿐이 아니다. 어느 순간부터 우리 문화가 세계의 트렌드를 이끌고 있다. 우리가 가볼 기회가 별로 많지 않았던 남미의 어느 나라 국민들이 우리 아이돌 가수들의 노래에 열광하는 모습을 쉽게 볼 수 있다. K-pop부터 시작해서 K-드라마, K-푸드, K-뷰티 등 앞에 K자를 붙이면 뭐든지 일류로 보이게 된, 그런 세상을 살고 있다. 문화면에서 성공과 경제력의 성공이 어우러져서, K-○○제품으로 이어지고, 요즘에는 K-방산이란 용어도 유행이다.

이런 나라가 정말 특이하다고 이야기하는 것은, 이런 대성공에도 불구하고 우리 국민들은 그리 행복하지 않은 듯하기 때문이다. 국민 행복에 관한 각종 지표와 조사들의 결과를 보면 우리 국민은 정말 행복하지 않다. 국민 삶의 질을 나타내는 사회지표들을 보면 처참한 수준이다. 우리는 이런 지표들을 다른 선진국들과 비교하면서 늘 다음과 같은 비교에 매우 익숙하다. 즉, '○○지표는 OECD 국가 중 꼴찌, 또는 멕시코나 튀르키예 빼고 꼴찌' 같은 표현이다. 멕시코나 튀르키예 같은 나라들을 폄훼할 생각은 전혀 없다. 그저 이런 비교 평가를, 우리가 1996년에 OECD에 가입한 이래 지난 30년 가까이 계속 보고 듣고 있다는 사실을 이야기할 뿐이다.

여기서 일일이 이런 사회지표들을 다시 열거할 필요는 없을 것이다. 그래도 누구나 쉽게 떠올리는 대표적 지표는 세계 최저의 출산율, 최고의 자살률과 노인빈곤율 같은 지표들이다. 이 세 가지 지표만 보아도 우리 국민이 행복하지 않다는 사실을 쉽게 파악할 수 있다.

아이가 제일 적게 태어나고, 제일 많이 스스로 생을 마감하고, 갈수록 오래 살아야 할 노년기에 제일 빈곤한 그런 나라다. 오죽 살기 어려우면, 혼인할 생각도 미루고 아이도 이렇게 낳지 않는 세상이 되었을까? 세계 최저의 출산율만큼 우리 삶의 어려움을 보여 주는 하나의 지표는 없다. 그렇게 오랫동안 이런 문제들을 인식하고 지적해 왔고, 이에 대응하는 각종 정책을 실행해 왔는데, 이런 지표들은 좋아지기는커녕 더 나빠졌다.

2023년의 우리나라 합계출산율 0.72명은, 우리나라가 아니었으면 다른 나라 국민들이 거의 보기 어려운 수준의 그런 수치이다. 그래서 그들은 한편으로는 우리 경제력과 문화력을 칭송하고 부러워하면서, 다른 한편으로는 한국이란 나라는 세계 최초로 인구가 줄어 지구상에서 소멸하는 나라가 될 것이라는 평가를 한다. 그러니 우리나라가 정말 특이한 나라라고 하는 것이다. 저출산, 양극화 등 인구·사회 문제의 심화는 성장잠재력의 하락으로 이어지고 있다.

문제 해결의 대안: 부정의의 시정과 조세·재정 기능의 정상화

그러면 우리는 왜 경제면에서 성공하고도 이런 문제에 직면하게 되었을까? 이런 문제를 해결하기 위해서 우리는 무엇을 해야 하나?

이런 질문에 대한 답을 할 때 우리는 이제 정말 신중해야 한다. 정말 잘 생각해 보아야 한다. 우리 경제의 발전 과정과 단계, 그 속에서 한 경제체제의 두 축인 시장과 정부의 역할·기능 수행 등의 관점에서 우리 현실을 냉정하고 객관적으로 평가해야 한다.

저자가 파악하기에 이런 질문에 대한 답으로 우리나라 대다수의 경제학자, 재정학자와 전문가들, 그리고 보수진영이 내놓았던 답은 다음과 같은 것이었다. 즉, '우리가 더 성장하고 좋은 일자리를 더 만들어야 한다. 감세와 작은정부, 규제 완화, 금융지원 등을 통해 기업과 산업을 지원하고, 기업하기 좋은 환경을 만들 때 좋은 일자리도 더 생기고, 그래야 민생 문제와 저출산 등의 문제도 해결할 수 있다.'는 것이다. 여기서 작은정부는 감세로 재정지출 규모가 작은 정부이고, 사회 문제에 대한 대처나 소득재분배 등에 적극적으로 나서지 않는 정부이다. 지금까지 이 책에서 이야기하고자 했던 것은 이런 종류의 답에 저자는 동의하지 않으며, 이런 답은 우리 현실에서 옳지 않다는 것이다. 이런 답으로는 문제를 해결할 수 없다는 것이다. 그 이야기를 마지막으로 하고자 한다.

우리는 1960년대 이래 경제개발 과정에서 모든 국가적 역량을 집중해서 기업과 산업을 지원했고, 그 결과로 고도성장을 이루었다. 개발연대에서 산업에 대한 세제·재정 지원도 컸지만, 이보다 훨씬 중요했던 지원은 금융지원이었다. 자금에 대한 초과수요가 늘 컸던 시대에, 돈을 빌리는 것 자체가 특혜였던 시기에, 정경유착과 관치금융하에서 '정책금융'이라는 시장원리에 맞지 않는 비정상적이고 편중적인 지원이 대규모로 이루어졌다. 여기서 먼저 다시 한번 지적할 것은, 이제 우리 경제가 현재와 같은 규모와 수준에 이른 상태에서 이런 산업지원은 더 이상 필요하지도 유효하지도 않다는 것이다.

우리 성장전략은 기본적으로 불균형·불평등 전략이었다. 그 불가피성은 어느 정도 인정되나, 그 과정에서 누적된 구조적 문제들의 폐해를 인정하고 바로잡아야 한다. 고도성장의 이면에서 대기업·재벌 중심의 경제체제와 정경유착·관치금융의 문제 외에도, 반복된 부동산 투기, 정상적인 노조 활동에 대한 탄압, 1993년에야 도입한 금융실명제, 제대로 작동하지 못한 조세·재정 기능의 문제들을 제대로 인식해야 한다. 재정 본연의 기능이 미약한 상황에서 모든 자원을 경제개발에 집중한 결과, 사회복지체계와 사회안전망 등 사회 문제에 대처하는 시스템은 제대로 작동하지 못했다. 우리가 현재 직면한 근본적 문제들의 뿌리는 이런 구조적 문제들에 있다고 본다.

대기업·재벌 중심의 경제체제는 지금까지도 이어지고 있다. 정경유착과 관치금융은 예전처럼 행해지지는 않지만, 그 오랜 관행의 뿌리와 그림자는 여전히 남아 있는 것으로 보인다. 오랫동안, 최근까지도 반복적으로 나타난 부동산 투기와 가격 급등은 우리 사회 전반에서 '부(富)의 정당성'에 대한 심각한 의문을 제기한다.

우리나라에서 노조 활동이 정상적으로 이루어지기 시작한 시점은 1987년 민주화 이후이다. 금융실명제 같은 기본적인 제도가 1993년에야 도입된 것은 우리나라의 위상에 비추어 부끄러운 일이라 생각한다. 조세정의의 기본이라 할 수 있는 금융소득종합과세가 본격적으로 시작된 것은 1997년 외환위기 이후였다. 우리나라 사회복지체계가 어느 정도 갖추어지고 복지지출이 빠르게 늘기 시작한 것은 참여정부 이후라 할 수 있는데, 사회 문제에 대처하는 정부 기능은 여전히 미흡한 수준이다.

앞서 설명하고 강조한 대로, 시장실패를 극복하여 효율적 자원배분을 이루고 공평한 소득분배를 이루는 재정 본연의 기능은 우리 현실에서 현재까지도 미약하기 그지없다. 앞에서 우리나라의 조세부담률, 국민부담률, 일반정부 재정지출 규모의 GDP 대비 비율 등이 OECD 평균에 비해 과거에는 매우 큰 차이로 낮았고, 현재도 낮은 수준이라는 것을 확인했다. 그렇게 오랫동안 공공재, 가치재, 공공서비스, 경제·사회 인프라 등을 공급하는 재정의 역할이 미미했고, 불균형·불평등 성장전략과 부동산 투기 등으로 발생하는 소득·자산 불평등을 시정하는 조세·재정의 재분배 기능은 미약하기 짝이 없었다. 조세 부담이나 재정규모 자체가 그렇게 작은데, 그런 재분배 기능을 제대로 수행하지 못하는 것은 당연하다.

저자가 분배정의를 위한 경제정책의 역할을 이야기할 때 좋아하는 문구가 하나 있다. 그것은 '부정의의 시정'(不正義의 是正, rectification of injustice)이라는 문구다. '부정의의 시정'은 자유주의 철학자 노직(Robert Nozick)의 '정당한 소유의 원칙' 중 세 번째 원칙이다.• 노직의 자유주의적 정의관에서 '모든 사람이 정당하게 가질 권리가 있는 것들만을 소유하는 분배 상태가 정의로운 것'이다.

그런데 우리나라 개발연대의 압축성장 과정에서 불균형·불평등 성장전략이 가져온 인위적인 오늘의 분배 상태가 이런 자유주의적 정의관을 충족시킬 수 없음은 자명하다. 이를 충족시키지 못하면 잘못된 것을 시정해야 한다는 것이 노직의 세 번째 정당한 소유의 원칙이다. 시장에 대한 정부 개입의 최소화를 주장하는 자유주의적 정의관에 입각해서 보아도, 우리 현실에서는 현재의 부정의를 시정하는 정부의 적극적 역할이 필요한 것이다. 그것이 자유주의적 정의관에 충실한 것이다. 지금까지 오랫동안의 불공정과 반칙, 인위적인 정부 개입의 결과는 무시하고, 그저 현시점에서 자유로운 시장 활동과 정부 개입의 최소화를 주장하는 견해에 전혀 동의할 수 없다.

그런데 우리가 '부정의의 시정'을 위해 현실적으로 동원할 수 있는 정책 수단이 무엇인가를 냉철하게 고민해야 한다. 지금까지의 과정이 불공정하고 정의롭지 못했다고 해도, 그 모든 결과를 부정하고 시정할 방법은 없다. 또한 그러한 시정이 가능하다고 해도, 그 과정에서 또 다른 불공정과 왜곡을 가져올 수 있다.

• 이준구(1992), 『소득분배의 이론과 현실』, 다산출판사; 이정우·황성현(1998), 「한국의 분배문제: 현황, 문제점과 정책방향」, 『KDI 정책연구』 제20권 제1·2호, 한국개발연구원에서 우리 현실에 이 원칙이 적용되어야 함을 강조했다.

예컨대, 대기업·재벌 중심의 경제체제에 문제가 많다고 해서 '재벌 해체'와 같은 정책을 추진할 수는 없다. 그럴 방법도 없고, 그것이 가능하지도 않고, 바람직하다고도 하기 어렵다. 여기서 우리가 해야 할 일들은, 공정거래질서를 더욱 강화하고, 개발연대식 산업지원을 축소하고, 소비자 보호·근로자 안전·환경 보호 등을 위한 규제를 강화하고, 법과 원칙에 맞는 범위에서 노동조합 활동을 최대한 보장하고, 사회적 합의가 이루어지는 범위에서 기업소득, 금융 및 부동산 관련 소득 등에 대한 세금 징수를 제대로 하는 것이다.

'부정의의 시정'을 위해 우리가 해야 할 일은 그간의 불균형·불평등 성장전략이 가져온 구조적 문제들의 폐해를 제대로 인식하고, 이를 바로 잡기 위한 제도 개선 및 정책 노력을 강화하는 것이다. 그중에서도 그간 제대로 기능을 하지 못한 조세·재정 기능을 정상화해서 강화하는 것이 핵심적인 정책 수단이다. 지금까지의 논의에서 어떤 조세·재정정책을 어떻게 수행해야 하는지에 대해 이야기하려고 노력했다.

이제 다시 앞의 질문으로 돌아가 보자. 왜 우리는 경제면에서 성공했는데, 국민은 행복하지 않고, 유례없는 저출산과 인구소멸의 문제에 직면하고 있는가? 감세와 작은정부, 규제 완화, 금융지원 등의 정책으로 기업하기 좋은 환경을 만들어서 좋은 일자리를 늘리면 이 문제를 해결할 수 있는가? 우선 이런 정책은 지금까지의 폐해를 바로잡는 '부정의의 시정'과는 거리가 멀다. 그러니 이런 정책은 우선 정당하지 않다고 본다. 그리고 그보다 더 중요한 것은 이런 해법으로는 더 이상 당면한 문제들을 해결할 수 없다고 본다.

이런 정책기조를 조금 다른 시각에서 다시 한마디로 정리하면, 이는 박정희 정권의 핵심 정책기조였던 소위 '선성장－후분배'의 기조를 현재에도 이어 가겠다는 것이고, 이런 정책으로는 문제를 해결할 수 없다. 우리나라에서 '선성장－후분배'의 정책기조는 성장을 우선적으로 추구하고, 후분배는 사실상 하지 않는 정책기조였다. 일단 성장하고 나면 분배나 민생 문제는 해결될 수 있다고 막연히 믿는 그런 정책기조였다. 보수정권에서 강조한 낙수효과(trickle-down effect)도 이런 정책기조와 맞닿아 있다.

저자가 보기에 오늘의 우리가 당면한 저출산, 양극화 문제는 박정희 정권 이래 늘 '선성장－후분배' 이야기만 계속하고, '크게 보아서' 역대 정권이 한번도 복지를 강화하고 국민 삶의 질을 높이는 '후분배'를 제대로 실천하지 않았기 때문에 초래된 문제라고 본다. 감세와 작은정부로는 복지를 강화하고 분배를 개선할 수 없다.

최근까지도 이어지는 성장 우선의 정책기조 속에서, 모든 정책에서 효율성을 지나치게 강조하고, 모든 사람이 지나친 경쟁에 내몰리는 경제사회 환경이 지속되고 있다. 사회복지 지출 규모는 여전히 작고, 사회안전망은 미비하다. 모든 것이 각자 개인의 책임이 되는 '각자도생'의 삶이고, 아이를 낳아서 기르는 것도 그러하다. 보육·사교육의 부담이 크고, 일·가정 양립을 위한 제도와 지원은 여전히 부족하여 여성의 경력단절 문제가 개선되지 못하고 있다. 주택 가격은 터무니없이 치솟고, 이는 인구가 밀집한 수도권에서 더욱 심하고, 공공주택의 혜택은 피부에 와닿지 않는다.

고령화 시대에 대비한 준비도 부족하다. 연금제도가 취약하고, 노인 요양·돌봄서비스 등의 양적·질적 수준이 미흡하다. 저소득계층과 장애인에 대한 지원도 우리 경제 수준에 한참 못 미친다. 그들이 재기하고 경제 활동을 할 수 있게 하는 지원도 부족하다. 노인과 장애인 등의 간병·돌봄도 거의 모두 가족의 부담이고, 그래서 가정이 무너지고 가족이 일하고 싶어도 할 수 없다.

경제는 고도성장했는데 조세·재정의 재분배 기능이 미약한 상황에서, 그 과실의 대부분은 소수의 특정 집단이 누린다고 많은 사람이 인식한다. 가진 자에게 유리할 수밖에 없는 부동산 투기가 만연했는데, 그런 이득의 작은 부분만이 세금으로 회수되었다. 늘 기업과 산업을 보호하고 지원하는 정책기조 속에서, 소비자의 안전과 권익, 근로자의 안전, 환경 보호 등의 가치는 후순위로 밀렸다.

이런 모든 일이 '선성장–후분배'라는 기조에서 복지와 사회안전망을 강화하고 국민 삶의 질을 제고하는 '후분배'는 제대로 한 적이 없는 우리 사회에서 지속적으로 벌어지는 일들이다. 지금까지 정부·재정이 제대로 기능을 못해 발생한 이런 일들을 바로잡아야 저출산, 양극화 같은 당면한 문제를 해결할 수 있다.

더 성장하기 위해, 좋은 일자리를 만들기 위해 감세, 작은정부,

규제 완화, 금융지원 등을 통한 산업지원을 이어 나간다고 문제가 해결되지 않는다. 저자가 판단하기에, 이런 정책으로 산업을 지원한다고 좋은 일자리가 많이 생기지도 않는다. 오히려 지금까지 작은정부를 운용하느라 공공부문에서 필요한 공공서비스 일자리를 제대로 확보하지 못했던 분야에서 공공일자리를 늘리는 것이 좋은 일자리를 늘리는 더 현실적인 정책일 수 있다.

좋은 일자리가 좀 늘어나더라도, 일부 소수의 최상위 계층을 제외하면 앞에서 이야기한 각자도생의 문제들은 해결되지 않는다. 출산·양육·보육·교육·주택 문제, 일·가정 양립 문제, 노인·장애인 등에 대한 요양·간병·돌봄 서비스 문제 등이 각 개인에게 좋은 일자리가 좀 늘어난다고 해결되는 문제가 아님은 자명하다. 국민이 행복하지 않고, 아이 낳아 기르기 너무 힘들고, 그래서 인구소멸의 길로 가는 문제는 지금까지 너무 많은 것을 개인과 시장에게만 맡겨 왔기 때문에 초래되고 심각해진 문제들이다.

이제 정부가 나서서 이런 문제들을 해결해야 한다. 그 주된 수단은 지금껏 제 기능을 못한 조세·재정정책 기능의 정상화이다. 세금을 더 거두어서, 아이를 낳아서 기르는 부담을 사회가 분담하고, 일·가정 양립을 지원하고, 교육 기회의 평등과 교육의 질을 제고하고, 공공주택 공급을 확대하고, 사회안전망을 튼튼히 하고, 저소득계층과 장애인에 대한 지원을 확대하고, 노인·장애인 등에 대한 요양·간병·돌봄 서비스를 확충하고, 소비자 보호·근로자 안전·환경 보호를 위한 지원을 확대하고, 지방을 더 발전시키는 지원을 확대하는 등의 분야에서 재정지출을 확대해야 한다. 세금을 더 거두어서 이런 재정지출을 늘리는 것이 당면한 문제 해결의 대안이다.

그 과정에서 좋은 공공일자리도 늘릴 수 있다. 부정의의 시정을 위해 조세·재정의 재분배 기능은 강화되어야 한다. 더불어, 굳건한 안보태세를 확고히 하기 위한 국방투자도 확대해야 한다. 그래서 큰 정부와 증세를 주장하는 것이다. 증세 없는 큰정부는 지속가능하지 않다.

앞에서 저출산, 고령화, 양극화에 대응하기 위해, 당면한 인구·사회 문제를 극복하기 위해 어떤 조세·재정정책을 어떻게 수행할지에 대해 많은 이야기를 했다. 증세의 구체적 방안도 제시한 바 있다. 정부개혁과 재정개혁 방안, 모든 정책에서의 기본 관점의 전환에 대해서도 논의했다. 여기서 굳이 이들을 다시 정리할 필요는 없을 듯하다.

시장의 힘, 정부의 지혜

자본주의 시장경제체제에서 시장이 작동할 때 수요·공급의 원리에 의한, 시장기구에 의한 자원배분보다 효율적인 결과를 가져오는 자원배분 기구는 없다. 우리는 시장원리, 시장의 힘을 이해하고 존중해야 한다. 많은 경우 시장의 힘을 거스르는 규제나 개입은 문제를 해결하지 못하고 자원배분의 왜곡을 심화시켜서 오히려 문제를 악화시킬 수 있다. 시장과 산업에 개입할 때 우리는 이런 부작용에 충분한 주의를 기울여야 한다.

그러나 다른 한편에서, 또 많은 경우에 시장이 제대로 작동하지 않는 시장실패가 발생한다. 현실에서 시장이 제대로 작동하기 위한 일정한 전제조건이 충족되지 않을 때 시장기구에 의한 자원배분이 효율적이지 못한 시장실패가 발생한다. 또한 시장기구는 형평성을 보장하지 못하기 때문에 공평한 분배는 시장에 의해 달성되지 않는다.

우리는 늘 시장실패의 현상과 원인을 면밀히 살피고, 이 문제가 정부의 개입으로 해결 가능한지, 정부가 그런 능력과 수단을 가지고 있는지 냉정히 따져 보아야 한다. 정부 개입이 필요하다고 판단하면, 시장이 해결하지 못하는 문제를 해결하기 위해 정부는 모든 지혜를 발휘해서 제 기능과 역할을 해야 한다. 정부가 훌륭한 지혜를 발휘할 때 정부실패의 가능성도 줄일 수 있다. 이런 기본원리를 저자는 '시장의 힘, 정부의 지혜'로 표현했다.

좀 새삼스럽고 거창한 이야기로, 저자에게 경제학이란, 그중에서도 특히 재정학은 시장의 힘을 이해하고 존중하면서, 시장실패가 있을 때 이를 극복하기 위한 정부의 지혜를 짜내는 데 도움을 주는 그런 학문이라고 생각한다. 이 책 전체를 통해서 시장에 대한 이해와 믿음을 전제로, 시장에 대한 불필요한 개입은 줄이고, 시장이 제대로 해결하지 못하는 문제를 해결하는 '정부의 지혜'를 고안해 내기 위해 노력했다.

이런 입장에서, 지난 33년간에 걸친 저자의 한국의 재정에 대한 고민과 성찰의 결과물을 정리하여 제시하고자 했다. 그 결과물이 한국경제가 당면한 어려운 문제를 극복하고 발전해 나가는 데 도움이 되는 지혜가 될 수 있기를 기대한다.

찾아보기

ㅈ